Alena Wagnerová
Milena Jesenská

Alena Wagnerová

Milena Jesenská

Biographie

Bollmann

Inhalt

Prolog

Prag, Wenzelsplatz,
an einem nicht mehr zu bestimmenden Tag
Anfang dieses Jahrhunderts

Am unteren Ende des Wenzelsplatzes, »Brücke« (Můstek) genannt, münden in das längliche Viereck des großen Platzes zwei breite Straßen: Von links die Obstgasse (Ovocná)*, von rechts der Graben (Příkopy). In der Zeit vor dem I. Weltkrieg verwandelte sich dieser Raum jeden Sonntag vormittag in ein einzigartiges Kommunikationszentrum, den Korso, eine typisch österreichische und südeuropäische Einrichtung. Beim Promenieren auf den Bürgersteigen traf man Bekannte, tauschte Neuigkeiten und Klatsch aus, diskutierte über die Ereignisse, die die Gesellschaft der Stadt gerade bewegten, wozu auch Theaterpremieren und Buchneuerscheinungen gehörten. Es war die Gelegenheit, die zu der Gesellschaft Gehörenden zu sehen und selbst gesehen zu werden, die heranwachsenden Töchter zu präsentieren, die hier wiederum die ersten scheuen Blickkontakte mit ihren späteren Verehrern wechseln konnten. Wenn auch die Jugend das Bild vom Korso wesentlich prägte, waren es auch viele ältere Herrschaften und Honoratioren, selbst der Statthalter von Prag, Graf Thun, die zu den regelmäßigen Besuchern des Korso gehörten. Und wenn die Jugend, sprich die Studenten, unter sich sein wollten, dann gingen sie auf den Franzenskai, wo sie ihre eigene Promenade hatten.

Einem etwas aufmerksameren Beobachter des fröhlichen Treibens konnte allerdings nicht entgehen, daß der scheinbar einheitliche Strom der Flanierenden sich in zwei Gruppen teilte.

*Heute Ulice 28. října.

Während die Tschechen auf dem Wenzelsplatz, in der Obstgasse und ihrer Fortsetzung, der Ferdinandstraße, promenierten, war der Graben den Deutschen vorbehalten, zu denen auch die Angehörigen der dritten Bevölkerungsgruppe in Prag gehörten, die Juden. Dicht nebeneinander, auf der Brücke sich fast berührend, bildete doch jeder Korso eine Welt für sich, so wie es auch in der Stadt selbst, in dem gleichen Erlebnisraum, zwei Welten gab, die tschechische und die deutsche.

An jenem nicht mehr zu bestimmenden Tag Anfang dieses Jahrhunderts bietet aber der Graben ein ganz anderes Bild als das gewöhnliche eines friedlichen Treibens. Durch die Mitte der Straße marschiert eine Menschenmenge. Es sind die deutschen Studenten mit den bunten Mützen der einzelnen Burschenschaften. Ihnen entgegen schreitet eine andere Truppe sichtbar aufgeregter Menschen, die Tschechen. Und schon stürmt aus einer Nebenstraße eine Abordnung der Polizei und stellt sich zwischen die Demonstranten. Einmal, zweimal, dreimal wird die Menge aufgefordert stehenzubleiben. Vergeblich. Dann hört man Warnschüsse. Die Demonstranten ergreifen die Flucht, in ein paar Augenblicken ist der Graben wie leergefegt. Nur ein Mann bleibt in der Mitte der Straße stehen, wie eine Insel der Ruhe in dem allgemeinen Chaos. Zu seinen Füßen liegt ein Mensch, ein Verwundeter. Der Mann steht aufrecht, ohne sich zu bewegen, es scheint eine Ewigkeit zu dauern. Dann beugt er sich langsam zu dem Verwundeten.

Aus dem Fenster eines der hohen Bürgerhäuser, die hier in den letzten Jahren gebaut wurden, verfolgt eine blasse junge Frau sichtlich bewegt das Geschehen auf der Straße. Neben ihr steht ein etwa achtjähriges Mädchen. Als sich der Mann endlich zu dem Verwundeten bückt, drückt sie das Kind fest in die Arme. Zwei Tränen laufen ihr über die Wangen.

Kein Wunder, daß sie so bewegt ist: Der Mann, der unten

Der Graben in Prag um 1905

auf der Straße als einziger stehenblieb und vorher die Gruppe der Tschechen anführte, ist ihr Mann, der Vater des Mädchens.

Die Kleine oben am Fenster weiß natürlich nicht, worum es auf der Straße geht. Sie begreift aber, sie spürt es an der Reaktion ihrer Mutter, daß ihr Vater sich tapfer verhielt, Ungewöhnliches leistete und man stolz auf ihn sein kann. Je weniger sie das Geschehen auf der Straße versteht, desto tiefer wird sich ihr das Bild des auf der menschenleeren Straße aufrecht stehenden Vaters einprägen. Er steht aber nicht nur aufrecht, er beugt sich auch und hilft dem Verletzten. Diese zwei Gesten werden sie als Vorbild das ganze Leben begleiten. Aufrecht stehen und helfen.

Das Mädchen am Fenster heißt Milena Jesenská. Und wie stark sie diese Szene beeindruckte, werden wir Jahre später von ihr selbst erfahren. Auf dem Höhepunkt ihrer journalistischen Laufbahn in den Krisenjahren 1937–1939 wird sie ihr

Kindheitserlebnis in dem Artikel »Über die Kunst stehenzubleiben«[1] selbst beschreiben. Durch ihre Artikel, Feuilletons und politischen Reportagen wird Milena Jesenská zu einer bekannten Persönlichkeit im Prager Kulturleben der zwanziger und dreißiger Jahre. In die europäische Kulturgeschichte wird sie allerdings nur mit ihrem Vornamen Milena eingehen, als die Adressatin der *Briefe an Milena,* eines anderen Pragers, eines der größten Schriftsteller der modernen deutschen Literatur, Franz Kafka. Viele, für die die *Briefe an Milena* durchaus ein Begriff sind, können mit dem Namen Milena Jesenská nichts anfangen. So stark wurde auch sie auf einen Vornamen reduziert, dem Leben eines berühmten Mannes zugeordnet, der nur eine, wenn auch tiefgreifende Episode in ihrem Leben darstellte.

1

Wurzeln und Prägungen

Zu Hause in Prag

Das fünfstöckige Jugendstilhaus am unteren Rand des Wenzelsplatzes besticht noch heute durch seinen großbürgerlichen Zuschnitt und seine vornehme Eleganz. Der breite Eingang mit kunstvoll geschmiedeten Gittern gestattet einzutreten, auf der rechten Seite der geräumigen Eingangshalle lädt ein Treppenhaus wie ein Bau im Bau mit bequemen, niedrigen Stufen zum Weitergehen ein. Der Zugang ist von zwei schlanken Vasenskulpturen flankiert, die Wände mit rosafarbenem Marmor ausgekleidet, auch das Geländer mit einem breiten Handlauf ist aus Stein. Den Boden des Treppenabsatzes schmückt ein Mosaik. Die Fenster mit bunten Glasscheiben wecken die Illusion unaufhörlich scheinender Sonne. Von der ersten in die weiteren Etagen geht es zwar etwas bescheidener zu, aber auch das genügt, um den Eindruck des Wohlstandes und existentieller Sicherheit zu vermitteln und Selbstvertrauen einzuflößen. In diesem Haus an der Grenze zwischen der Prager Alt- und Neustadt, damals Obstgasse 17, ist Milena Jesenská großgeworden. In der ersten Etage des Hauses hatte ihr Vater, der bekannte Prager Zahnarzt Jan Jesenský, jahrelang seine Praxis; die Wohnung der Familie befand sich, nach der Überlieferung, im fünften Stock.

Heute läßt sich nicht mehr nachvollziehen, in welchem Teil des geräumigen Gebäudes und in welcher Etage die Familie Jesenský wohnte. Die späteren Umbauten haben den ursprünglichen Grundriß des Hauses entstellt. Aber das Treppenhaus, die dunkle Holzverkleidung der Wände in der ersten

Etage, an einigen Türen sind noch die alten Jugendstilbeschläge angebracht, sowie der intakt gebliebene Raumkomplex im Erdgeschoß, einmal wohl die Schalterhalle einer Bank, geben noch genug vom Lebensstil und der Atmosphäre der vergangenen Epoche wieder.

Als Milena Jesenská am 10. August 1896 geboren wurde, stand das Haus in der Obstgasse allerdings noch nicht. Es wurde erst 1902 gebaut, an der Stelle eines spätbarocken Hauses, wie in der Nachbarschaft ein ähnliches noch heute steht. Der Umbau Prags zu einer modernen Metropole hatte damals erst begonnen.

Milena Jesenská kam in einem anderen Stadtviertel Prags, auf dem bescheidenen Žižkov, zur Welt. Ihr Vater, Jan Jesenský, mit sechsundzwanzig Jahren gerade promoviert, vervollständigte im Jahr ihrer Geburt sein Studium in Paris und Berlin bei Kapazitäten seines Faches. Sehr wahrscheinlich blieb die junge Frau Jesenská während der Abwesenheit ihres Mannes mit dem kleinen Kind bei ihren Eltern. Bald nach seiner Rückkehr zog die junge Familie in die Stadtmitte, in das Haus »U černého orla«* in der Nähe des Standestheaters.

Für die damalige Zeit war es sicherlich etwas ungewöhnlich, daß ein Mann heiratet und sogar Vater wird, noch bevor er sein Studium beendet hat und imstande ist, seine Familie zu ernähren. Jan Jesenský mußte aber allem Anschein nach heiraten, weil seine Studienaufenthalte im Ausland, genauso wie die Ausstattung der Praxis, aus der Mitgift seiner Frau finanziert wurden. Denn Jan Jesenský war arm. Er stammte aus einer alteingesessenen Prager Familie, die ihr Vermögen durch Unglück und Ungeschick verloren hatte.

Auf seinen Beruf bestens vorbereitet, läßt sich Jan Jesenský gleich nach seiner Rückkehr in Prag als Zahnarzt nieder, arbeitet aber auch als Assistent an der Universität. 1903 ist er bereits

*»Beim schwarzen Adler« in der Železná ulice (Eisengasse).

Jan Jesenský

habilitiert und erwirbt dadurch das Recht, Vorlesungen in seinem Fach zu halten. Sein Leben lang wird sein Tag vormittags der Universität, nachmittags der Praxis gehören.

Die gründliche Ausbildung und manuelle Geschicklichkeit, gekoppelt mit großer Lebensenergie, Intelligenz und Fleiß, machen Jan Jesenský bald zu einem gesuchten und geschätzten Zahnarzt und geachteten Hochschullehrer, seine nationale Überzeugung und das Engagement für die »tschechische

Sache« in dem von Deutschen dominierten Österreich wiederum zu einer bekannten Persönlichkeit in der Prager tschechischen Gesellschaft. Sein Erfolg schlägt sich im Wohlstand der Familie nieder. Jan Jesenský, der sein Studium, es ist noch nicht so lange her, mit allerlei Hilfsarbeiten, sogar, wie seine Enkelin Jana Černá[1] wissen will, durch das Kofferschleppen auf Prager Bahnhöfen finanzierte, erfüllt der erreichte Wohlstand mit tiefer Genugtuung. Seine Schränke füllen sich mit eleganten Anzügen, modischen Accessoires und feinem Schuhwerk, auch das ist der Ausgleich für die mageren Jahre. Seine Befriedigung ist aber nicht ohne Stachel. Dieser richtet sich gegen die wohlhabenden Schwiegereltern, von denen er das Almosen der Mitgift annehmen mußte. Die in den Augen des armen stolzen Jan Jesenský erlittene Erniedrigung sollte, so die Enkelin, einen Schatten auch auf die Ehe werfen.

Jan Jesenský ist aber nicht nur ein disziplinierter Mensch und tüchtiger Zahnarzt. Die Prager Gesellschaft kennt ihn auch als einen Lebemann, der die Abende gerne in geselliger Runde, manchmal aber auch in richtigen Zechgelagen, mit seinen Freunden und Kollegen verbringt, mitunter große Summen im Kartenspiel verliert und zahlreiche Liebesaffären hat. Auch das letzte Duell in Prag soll er ausgefochten haben, bei dem es allerdings keinen Toten gab, sondern nur Blut floß. Er lebt eben gerne, er genießt das Leben in vollen Zügen. Jegliche Halbheit ist ihm fremd. Ob ihn diese widersprüchlichen Eigenschaften zum guten Vater prädestinieren?

Im Unterschied zum Vater wissen wir von der Mutter Milena Jesenskás nur wenig, fast nichts. Noch nicht einmal ein Bild von ihr ist überliefert. Milena Hejzlarová, die Tochter des Landesschulinspektors und bekannten tschechischen Pädagogen František Hejzlar, wuchs in den Wirkungsstätten ihres Vaters in Litomyšl, Hradec Králové und Kolín auf. Nach der Ernennung von František Hejzlar zum Landesschulinspektor im

Jahre 1886 zog die Familie nach Prag. Milena Hejzlarová soll künstlerisch begabt gewesen sein und sich der damals modischen Brandmalerei gewidmet haben. Ob aber ihre Begabung über das in jener Zeit bei bürgerlichen Töchtern Übliche, ein bißchen Musik, ein bißchen Kunst, ein bißchen Handarbeit, ein bißchen Literatur, hinausging, ist schwer abzuschätzen. Mochte Milena Hejzlarová auch überdurchschnittlich begabt gewesen sein, den Rahmen der bürgerlichen Konventionen und Rollenzuweisungen hat sie nicht durchbrochen. Dies gelang damals allerdings nur wenigen Frauen. Aber den sicheren Geschmack für Material, Farben und Formen und die Liebe zur Literatur, vor allem der russischen, hat Frau Jesenská an ihre Tochter weitergegeben. So wollte es jedenfalls Milena Jesenská später selbst sehen.

Hinter der schwachen, fast schattenhaften Lebensspur, die Frau Jesenská hinterließ, können wir ein typisches Frauenschicksal aus dem ausgehenden 19. Jahrhundert vermuten. Ein Mädchen aus einem guten Hause, sensibel, schwärmerisch und ein bißchen unterdrückt von ihrem überaus tüchtigen Vater, macht eine gute Partie mit einem aufstrebenden, aber armen jungen Arzt. Sie bekommt den Mann, er die Mitgift und damit die materielle Grundlage für seine Existenz. Ein in dieser Zeit üblicher Handel, bei dem sich die Frauen doch früher oder später fragen mußten, was bei der Eheschließung wohl wichtiger war: sie selbst oder die Aussteuer?

In dem Haus »U černého orla« findet Milena bald in der Hausmeistertochter Marie Boháčová die Spielgefährtin und Schulkameradin ihrer Kindheit und durch sie vielleicht auch den ersten Einblick in die sozialen Unterschiede, die die Menschen voneinander trennen. Nachmittags spielen die beiden Mädchen oft in der Wohnung der Familie Jesenský. Für die kleine Marie bleibt es aber immer etwas Besonderes. Zu den Höhepunkten dieser Stunden gehört für sie das Schokoladetrinken aus dem blauen Puppengeschirr, das Milena einmal jemand aus Karlsbad mitbrachte. Als die Familie Jesenský später wegzieht, bekommt Marie das Puppengeschirr von ihrer Freundin als Abschiedsgeschenk. Schenken konnte Milena schon immer.

Marie Boháčová wird das blaue Puppengeschirr ihr ganzes Leben lang aufbewahren und voller Stolz und Erinnerungen auch ihren Kindern zeigen. Aber spielen werden sie mit ihm nicht dürfen.

Fast neunzig Jahre später wird mir der Sohn von Marie Boháčová, ein Beamter im Kultusministerium in Prag, die Erlaubnis erteilen, im Literaturarchiv des Denkmals des tschechischen Schrifttums Material über Milena Jesenská zu studieren. Wenn er über die Familie Jesenský oder den »Herrn Professor« spricht, wird in seiner Stimme plötzlich wieder die alte, von der Mutter übernommene Achtung lebendig, allen gesellschaftlichen Umbrüchen zum Trotz.

Bald nach seiner Fertigstellung im Jahre 1902 zieht die Familie Jesenský in das große Mietshaus am Rande des Wenzelsplatzes[2], nur ein paar Schritte von ihrer alten Wohnung entfernt. Die Praxis und die Wohnung sind hier unter einem Dach. Der Wenzelsplatz, der Graben, der Altstädter Ring bleiben Milena als die Kulisse der Kindheit erhalten. Das Haus steht direkt im Stadtzentrum, in der urbanen Mitte Prags. Aber auch in die Natur ist es von hier nicht weit. In knapp zehn Minuten gelangt man über die Ferdinandstraße, heute Nationalstraße, zum Fluß mit seinen Inseln. In weiteren fünf Minuten steht man schon am anderen Moldauufer am Fuße von Petřín, dem Lorenziberg der Prager deutschen Dichter. Hat man den Berg erklommen, ist man schon auf Strahov inmitten der freien Natur mit Wiesen, Feldern und kleinen Gehöften.

Als die Familie Jesenský in den Neubau in der Obstgasse

einzieht, ist Milena bereits in der Grundschule. Doch wird sie mit diesem Haus immer, auch später Franz Kafka gegenüber, ihre Kindheit verbinden, als wäre sie hier geboren.

Das herrschaftliche Ambiente des Hauses, die schweren dunklen Möbel in der elterlichen Wohnung, das ganze äußere Umfeld ihres Lebens lassen die kleine Milena täglich ihre hohe gesellschaftliche Stellung erfahren. Die großen Räume weisen sie auf ihre Möglichkeiten hin, wo kleine vor allem Grenzen aufzeigen würden. Es entgeht ihr natürlich auch nicht, welcher Achtung sich ihre Familie, insbesondere der Vater, erfreut. Dies alles verdichtet sich in einem Grundgefühl der Sicherheit und Selbstverständlichkeit: Ihr, Milena Jesenská, kann doch letztlich nichts passieren! Dieses Gefühl wird sie durch das ganze Leben begleiten und ihr helfen, viele kritische Situationen heil durchzustehen.

Man kann sich kaum einen größeren Kontrast vorstellen als zwischen dem Haus in der Obstgasse, wo Doktor Jesenský seine Privatpraxis hat, und der stomatologischen Ambulanz der medizinischen Fakultät der Karlsuniversität. Hier ein luxuriöses Haus mit einer modern und komfortabel eingerichteten Praxis, dort ein baufälliges Gebäude, dunkel und unwirtlich. Immer wieder müssen die Feuerwehrleute die Risse in den Wänden mit Papierstreifen bekleben, um festzustellen, ob die Statik des Hauses noch in Ordnung ist.

Den ehrgeizigen Jesenský ärgert der Zustand der zahnmedizinischen Ambulanz. Noch mehr ärgert ihn, daß es nur eine Ambulanz ist. Wie gerne hätte er eine Klinik, damit er schwere Fälle auch stationär behandeln könnte, so wie es seinen Vorstellungen von einer modernen Zahnmedizin entspricht. Die unbefriedigende Situation verletzt nicht nur seinen beruflichen, sondern auch seinen nationalen Stolz. Wie damals alles in Prag hat auch dies eine nationale Dimension. Für Jesenský ist es nur ein weiterer Beweis dafür, wie stiefmütterlich der

Das Haus in der Obstgasse

österreichische Staat die Tschechen behandelt. Wenn es um eine Einrichtung der deutschen Universität ginge, wäre sie sicher schon längst anderswo untergebracht! Überall und immer das Gleiche! Hat er nicht schon oft genug beobachtet, daß bei den Scharmützeln, die fast täglich am unteren Ende des Wenzelsplatzes, nur ein paar Schritte von seiner Wohnung entfernt, zwischen Tschechen und Deutschen ausbrechen, sich die Polizei immer auf die deutsche Seite stellt, selbst, wenn es offensichtlich die nationalgesinnten deutschen Studenten waren, die mit ihrem Kampfruf »Tschechische Hunde!« die Tschechen provozierten.

Dieses unterschwellige, permanent vorhandene Unbehagen, das Professor Jesenský über die ungerechte Behandlung der Tschechen in Österreich fühlt, erweist sich allerdings auch als eine wichtige Triebfeder seiner Arbeit. Seine wissenschaftlichen Erfolge, seine Leistungen als Stomatologe sind für ihn vor allem tschechische Leistungen. Sie sollen das Ansehen der tschechischen Nation in Österreich mehren. Egal, wie die uns behandeln, es wird sich schon zeigen, was wir können! Mit diesem Fazit endet manches Gespräch, das im Hause Jesenský über dieses Thema geführt wird. Die kleine Milena hört zu.

Wenn Milena alleine ist, spielt sie anders als mit Marie Boháčová, dann spielt sie mit den Glasmurmeln. Das Farbenspiel der bunten Adern in ihrem durchsichtigen Inneren fasziniert sie. Auf dem Teppich in der kleinen Nische neben dem Lehnstuhl der Mutter oder manchmal auf dem Tisch führen Bohnen und Glasmurmeln stundenlang erbitterte Kämpfe. Die Glasmurmeln siegen immer, denn die Bohnen findet Milena unsympathisch. So wird sie es Jahre später ihrer Tochter Jana, genannt Honza, erzählen.

Mit ihrer Mutter macht die kleine Milena oft Besorgungen. Sie schaut zu, wie sie Stoffe auswählt, Farben von Bändern und Posamenten vergleicht und sich von den Verkäufern beraten läßt. Ohne es zu merken, wird sie auf diese Art und Weise in die hohe Kunst des guten Geschmacks eingeführt. In den gleichen Geschäften wie ihre Mutter wird später auch sie selbst kaufen. Und die Bemerkung: »Hier kaufte schon meine Mutter«, die in ihren Modeartikeln und Feuilletons oft vorkommt, liest sich wie eine Empfehlung. Natürlich teilt die kleine Milena nicht immer den Geschmack ihrer Mutter. Sie würde im Haar viel lieber ein rosafarbenes Kämmchen von der Kirmes tragen, als die teure Spange aus Schildpatt. Doch bei Jesenskýs geht alles gutbürgerlich zu. Man muß auf das Renommee achten.

In der Vorweihnachtszeit endet der Weg von Mutter und Tochter oft auf dem Altstädter Ring. Jedes Jahr findet hier in der Vorweihnachtszeit der berühmte Nikolausmarkt statt, mit seinen Buden, exotischen Süßigkeiten und allerlei Attraktionen. In einem großen Zelt erlebt Milena hier auch ihre erste Filmvorführung: Drei Buben spielen im Bett mit Kissen. Die

Kissen zerreißen, der Raum ist plötzlich voll weißer Daunen, die wie Schnee langsam zu Boden fallen. Was für ein Wunder, Bewegungsabläufe auf einem Zelluloidstreifen festhalten zu können! Vielleicht wurde gerade bei dieser ersten Begegnung an jenem Tag die spätere leidenschaftliche Kinogängerin Milena Jesenská geboren. Sie wird zu den ersten Journalisten gehören, die im Film die neue Kunst des Industriezeitalters erkennen und ernst nehmen.

Hier, auf dem Altstädter Ring und in den umliegenden Gassen, kreuzen sich in diesen Jahren die Wege fast von allen, die – jetzt noch Studenten oder dem Kindesalter gerade entwachsen – später einmal unter dem Sammelbegriff »Prager deutsche Literatur« in die Kulturgeschichte Europas eingehen werden. Der Weg des Jurastudenten Franz Kafka führt oft in das Kurzwarengeschäft seines Vaters im Kinský Palast, wo seine Lieblingsschwester Ottla zeitweilig arbeitet. Egon Erwin Kisch, ein paar Häuser weiter geboren, macht in den Armenvierteln Prags seine ersten Schritte als Journalist. Es ist nicht lange her, daß ein dicklicher Junge namens Franz Werfel im Stadtpark unterhalb des heutigen Hauptbahnhofs Enten fütterte. Jetzt drückt er zusammen mit Willy Haas und Paul Kornfeld die Schulbank im deutschen Gymnasium in der Stephansgasse. Max Brod, Felix Welsch, Otto Pick, Rudolf Fuchs, Johannes Urzidil heißen die anderen – und es sind bei weitem nicht alle –, denen die Stadt jetzt ihren unverwechselbaren Stempel aufdrückt. Ein paar Jahre später werden einige von ihnen auch zu dem Bekannten- und Freundeskreis Milena Jesenskás gehören.

Ihren späteren Generationsgenossen und Freunden aus der tschechischen Avantgarde der zwanziger und dreißiger Jahre kann allerdings die kleine Milena in den Straßen Prags in diesen Jahren nicht begegnen. Bis auf wenige Ausnahmen wachsen sie alle noch in den böhmischen und mährischen Kleinstädten oder auf dem Lande auf und werden erst später von Prag angezogen.

Buchstäblich vor den Augen der kleinen Milena – aus den Fenstern der Wohnung in der Obstgasse kann man noch fast den ganzen Wenzelsplatz überblicken –, verwandelt sich in diesen Jahren das überschaubare idyllische Prag der alten Stiche und Veduten in eine moderne Großstadt. Die Industrialisierung, die zuerst in den von Deutschen besiedelten Gebirgsregionen am Rande Böhmens einsetzte, erreichte in den sechziger und siebziger Jahren die umliegenden Gemeinden von Prag. Jetzt, am Ende des Jahrhunderts, bemächtigt sich der Geist des Industriezeitalters auch des Stadtzentrums. Als Zeichen der Macht des Geldes wachsen auf dem Graben die prunkvollen Neubauten der Banken. Auf dem Wenzelsplatz und in den angrenzenden Straßen weichen die spätbarocken, zweistöckigen Häuser Hotels, Geschäftshäusern und Versicherungsanstalten. Der Abriß des alten Prager Ghettos, längst zum Armenquartier herabgesunken, und die Regulierung des rechten Moldauufers machen Prag in diesen Jahren zu einer großen Baustelle. Das Labyrinth der unvorstellbar engen Gassen des alten Ghettos weicht, ein neues Labyrinth der modernen Bürokratie und Verwaltung und der kaum durchschaubaren wirtschaftlichen Verflechtungen entsteht. Die Stadt entfaltet ein Eigenleben und wird zur zweiten Natur, zu einer Stadtlandschaft, die dem Menschen scheinbar alles bietet, was er zum Leben braucht; von den Badeanstalten, die im Sommer auf der Moldau schwimmen, über die Biergärten und Promenaden bis zu den unzähligen Kaffeehäusern. Die Presse beschreibt und kommentiert unaufhörlich das Leben in der Stadt und außerhalb, den Alltag in der Vielfalt seiner Widersprüche. Das goldene Zeitalter des Feuilletons und des Zeitungsjournalismus ist angebrochen.

Natürlich weckt dieser radikale Umbau der Stadt nicht nur

Zustimmung. Es regt sich auch Widerstand gegen die Modernisierungswut des Prager Magistrats. Vor allem die Schriftsteller und Künstler protestieren. Der mährische Schriftsteller Vilém Mrštík macht auf einer öffentlichen Versammlung mobil gegen die »bestia triumphans«, den Raubbau an der historischen Substanz der Stadt. Alle diese Aktivitäten münden in der Gründung des »Klubs für das alte Prag«, der bis heute existiert. Dieser Initiative ist es zu verdanken, daß heute nicht fünf breite Straßen – so rücksichtslos durch die Altstadt gebrochen wie die zur Moldau führende Pariser Straße – im Altstädter Ring enden, wie es geplant war.

Die rege Bautätigkeit im Prag dieser Jahre ist nur das äußere Zeichen des Aufstiegs des tschechischen Bürgertums in der Stadt. Die Zahl der Prager Deutschen ist zwar seit Anfang des 19. Jahrhunderts konstant geblieben, durch den Zuzug der tschechischen Landbevölkerung infolge der Industrialisierung haben sich jedoch die Mehrheitsverhältnisse zwischen Tschechen und Deutschen verändert. Daran konnte auch der Zuzug der Juden aus den böhmischen Provinzstädten nicht viel ändern. Seit 1861 haben die Tschechen die Mehrheit im Prager Gemeinderat. Lag bisher das tschechische Übergewicht auf der Seite des einfachen Volkes, während die Deutschen eher den wohlhabenden Schichten angehörten, so entwickelt jetzt das tschechische Bürgertum allmählich ein eigenes Wirtschaftspotential. Die tschechischen und deutschen Unternehmer machen sich in zunehmendem Maße Konkurrenz, was die nationalen Spannungen verschärft. Mit dem Bau des Nationaltheaters und des Museums haben die Tschechen schon in den achtziger Jahren ein Zeichen ihrer Hegemonie in der Stadt gesetzt, die Deutschen mit dem Bau des Deutschen Theaters gekontert. Das Prager deutsche Bürgertum, zahlenmäßig im Rückzug begriffen, will wenigstens in der Kultur seine Überlegenheit demonstrieren. Verständlicherweise verfolgen die

Prager Deutschen den Aufbruch der Tschechen mit Mißbehagen. Es ist noch nicht einmal ein Menschenalter her, als in Prag mehr Deutsch als Tschechisch gesprochen wurde und man die Tschechen als das Volk von Bauern und Dienstmädchen abtun konnte. Und die wollen jetzt mitregieren?

Weckt das Verdrängen aus den angestammten Positionen Unmut in der deutschsprachigen Bevölkerung Prags, so haben auch die Tschechen Grund zur Unzufriedenheit: Ihr politisches Mitspracherecht steht in keinem Verhältnis zu ihrem kulturellen und wirtschaftlichen Gewicht im Staat, wie überhaupt die Konstruktion des österreichischen Staates der slawischen Mehrheit in der Monarchie keineswegs Rechnung trägt. Kurz gesagt, die Tschechen fühlen sich unterdrückt. Sie können sich immer weniger mit dem österreichischen Staat identifizieren. Der durch den Nationalismus in Gang gesetzte Prozeß der Trennung der »Böhmen deutscher und slawischer Zunge« – so hatte es der böhmische Philosoph Augustin Smetana formuliert, und tatsächlich hatten beide Gruppen jahrhundertelang in friedlicher Koexistenz gelebt – in Deutsche und Tschechen erreicht in den Jahren vor dem I. Weltkrieg seinen Höhepunkt. Gewinnt das Gegeneinander der drei Völker in Böhmen und Mähren, der Deutschen, der Juden und der Tschechen, die Oberhand, so bedeutet es keineswegs, daß es unter der Oberfläche nicht auch ein Miteinander und Füreinander zwischen ihnen gibt. Man findet kaum eine tschechische Familie, die keinen deutschen Vorfahren oder Verwandten hat. Und das gleiche gilt auch für die Deutschen. Wie soll man die beiden Nationen trennen, wenn die Trennungslinie durch die Familien hindurchgeht? Aber vielleicht gerade weil diese Trennung nicht möglich ist, wird sie mit einer solchen Vehemenz der falschen Argumente betrieben.

Die nationalen und sozialen Auseinandersetzungen geben dem geistigen Leben im Prag dieser Zeit starke Impulse und schaffen eine Atmosphäre, in der Kunst und Literatur besonders gut gedeihen. »In Prag«, konstatiert bissig ironisch der Wiener Literaturpapst Karl Kraus, »vermehren sich die deutschen Lyriker wie Bisamratten«. Eine Blütezeit erlebt um die Jahrhundertwende auch die tschechische Literatur.

An der Geschichte der Familie Jesenský, die zu ihren Vorfahren den Arzt Jan Jesenský zählen will, der nach der Niederlage des tschechischen Ständeaufstandes im Jahre 1621 zusammen mit 26 protestantischen Adeligen auf dem Altstädter Ring hingerichtet wurde, können wir die Entwicklung des tschechischen Nationalbewußtseins fast beispielhaft nachvollziehen.

Die Urgroßmutter Milenas gehört zu dem alteingesessenen Prager Bürgertum. Sie versteht sich als Böhmin und Pragerin. Ob sie eine Deutsche oder eine Tschechin ist, darüber hat sie sich nie Gedanken gemacht. Vor 1848 interessiert es in Böhmen auch kaum jemanden. Der Landespatriotismus wird in dieser Zeit großgeschrieben. Als aber ihr Sohn beginnt, sich für die tschechische Sache zu engagieren, erfüllt sie es mit Mißbehagen und führt zur Abkühlung der Beziehung zu ihm.[3] Kann man den Großvater Milenas, der in Smíchov ein Baugeschäft hat und mit Zement und Flugzeugmodellen experimentiert, als einen tschechischen Patrioten bezeichnen, so ist bei seinem Sohn Jan Jesenský das Wort Nationalist eher angebracht. Bei dem Großvater Milenas schließt die Liebe zu der eigenen Nation das Wohlwollen anderen Völkern gegenüber nicht aus. Bei seinem Sohn hat sie ihren Gegenpol in der Mißgunst, ja, dem Haß gegen andere Nationalitäten, insbesondere gegen Juden und Deutsche. Die Beziehungen zu anderen Nationen werden als Konkurrenzkampf verstanden. Diesen engstirnigen Nationalismus zu überwinden, wird für seine Tochter auch ein Stück Revolte gegen die Generation der Väter sein.

Milena Jesenská wächst als Einzelkind auf. Das zweite Kind der Familie, ein 1899 geborener Junge, der den traditionellen Vornamen Jan bekommt, bleibt nur sechs Monate am Leben. Doch bedeuten seine Geburt, Krankheit und Tod für die damals dreijährige Milena ein tiefes, zwiespältiges Erlebnis: Mit seiner Ankunft wird sie plötzlich die Zweite. Sie fühlt sich zurückgesetzt, vernachlässigt. Alle kümmern sich nur um ihren kranken Bruder. Als er endlich stirbt, hat sie das Gefühl, daß nur er geliebt wurde und viel wichtiger für ihre Eltern war als sie. Sie trauert, unwillkürlich empfindet sie aber auch eine Erleichterung, für die sie sich schämt. Ihr eigenes Ich wird ihr durch diese Ambivalenz bewußt. Vielleicht auch deswegen wird sie den kleinen Bruder nie vergessen können. Noch Franz Kafka wird sie bitten, sein Grab aufzusuchen, und auch Margarete Buber-Neumann wird sie ihre damaligen widersprüchlichen Gefühle schildern.[4]

Trotz der günstigen äußeren Bedingungen ist die Kindheit Milena Jesenskás keineswegs glücklich und unbeschwert. Die Beziehung zwischen Vater und Tochter wird zu einer großen Belastung für sie. Jan Jesenský liebt seine Tochter über alles, nur ist seine Liebe zu ihr sprunghaft und unberechenbar. Einmal schlägt er sie, einmal hebt er sie in den Himmel, einmal soll sie ein braves liebes Mädchen sein, ein anderes Mal darf sie wie ein Junge toben. Vor allem aber soll Milena immer so sein, wie er es sich wünscht. Jan Jesenský, in seiner Arbeit ein für jeden Fortschritt aufgeschlossener Mann, benimmt sich zu Hause wie ein konservativer Patriarch. Milena muß ihn siezen, was in vielen Familien zu dieser Zeit nicht mehr üblich ist, und ihm sogar die Hand küssen. Und seine Schläge sind oft ungerecht.

Ein frühes Kindheitserlebnis scheint Milenas Beziehung zum Vater nachhaltig gestört zu haben. Im Wutanfall wirft er sie einmal in eine große Truhe voller schmutziger Wäsche und schlägt den Deckel zu. Milena erlebt Augenblicke unbeschreiblicher Angst. Sie denkt, ersticken zu müssen. Seitdem fürchtet sie sich vor ihrem Vater. Mehr noch, durch diese Manifestation der unbeherrschten Wut und Gewalt ist in ihrer Beziehung zu ihm etwas unwiderbringlich zerstört worden.[5]

Milena Jesenská selbst beschreibt sich zwar als eigenwilliges, widerspenstiges Kind, aber vielleicht ist es eher die Sichtweise des Vaters, die sie auf sich projiziert. Die »Erziehung« des Vaters lastet wie ein ständiger Druck auf ihr. Eine schwache Natur müßte daran zerbrechen, eine starke wiederum dagegen aufbegehren. Milena wird das zweite tun, wenn auch nicht sofort. Vorläufig wird sie ihr Unbehagen und ihre Ohnmachtsgefühle speichern. Die Widersprüche in der väterlichen Erziehung werden aber auch für sie schwer zu verkraften sein und in ihrer Persönlichkeit bleibende Spuren hinterlassen. Die Beziehung zum Vater bleibt die komplizierteste und schwierigste in ihrem Leben. Liebe und Haß, Verständnis und Streit, Achtung und Verachtung werden die Pole sein, zwischen denen sie sich ständig bewegt. Stefanie Schlamm, die Milena Jesenská in den dreißiger Jahren in Prag kennengelernt hatte, bemerkte einmal, in ihrem Leben keinem anderen Menschen begegnet zu sein, der die Psychoanalyse nötiger gehabt hätte als sie.[6]

Zwischen Mutter und Tochter scheint dagegen eine gute Beziehung bestanden zu haben. Möglicherweise hat sie die Spannungen in der Beziehung zum Vater für Milena nur noch bewußter gemacht. Man kann sich auch kaum einen größeren Kontrast vorstellen als den vitalen Doktor Jesenský und seine den Frauengestalten auf den Jugendstilbildern so ähnliche Frau.

Im Unterschied zu vielen anderen Frauen ihrer sozialen Schicht hat sich Frau Jesenská um ihre Tochter selbst gekümmert und ihre Erziehung keiner Amme, Köchin oder Kinderfrau anvertraut. Im ganzen feuilletonistischen Werk Milena Jesenskás gibt es auch keinen Hinweis auf eine solche vertraute Person im Hause Jesenský. Man findet hier aber genug Stellen, die auf eine gute Beziehung zwischen Mutter und Tochter schließen lassen. Vor allem in den späteren Feuilletons und Reportagen sind immer wieder dort, wo es etwas Positives zu vermitteln oder zu bestätigen gilt, Erinnerungen an die Mutter eingearbeitet. Sicher setzt die erfahrene Journalistin dieses Mittel bewußt ein, um dem Leser näherzukommen, ein Vertrauensverhältnis zu ihm herzustellen. Nur, eine solche Erinnerung wie die folgende kann man sich kaum ausdenken:

> Meine Mutter hatte grüne Augen und goldbraune Fäden liefen darin in weite unbekannte und undurchdringliche Regionen. Wer weiß, ob sie schön war, die Schönste war sie in jedem Fall.[7]

Mit jenen »undurchdringlichen Regionen« im Leben ihrer Mutter wird Milena selbst einmal eine Erfahrung machen müssen. Während der Ferien in einem Kurort, so wird sie es der Tochter Jana erzählen[8], sucht sie nach ihrer Mutter – und findet sie im Park in den Armen eines fremden Mannes. Sie schleicht sich unbemerkt weg und sagt der Mutter nie ein Wort davon.

Max Brod, Willy Haas, Margarete Buber-Neumann und andere, die aus dem Prager Milieu selbst stammten oder Milena Jesenská kannten, beschreiben Jan Jesenský als Choleriker und Despot, der schaltet und waltet, wie es ihm beliebt. Auch die Enkelin, Milenas Tochter Jana Černá, weiß über den Großvater wenig Gutes zu berichten. In den Erinnerungen der Universitätskollegen wird ein ganz anderes Bild von Jan Jesenský gezeichnet: Ein guter Kollege, ausgezeichneter Fachmann, geschätzter Lehrer, angenehmer und geistreicher Gesellschafter. Der gleiche Mensch in seinen verschiedenen Rollen. An der Universität muß Jan Jesenský seine Kräfte bändigen, sich beherrschen, das verlangt der professionelle Umgang unter den Kollegen, unter Gleichen. Zu Hause braucht er keine Rücksicht zu nehmen, dort kann er seine Launen ungehemmt ausleben.

Die ungebrochene Vitalität ist wohl der gemeinsame Nenner für die widersprüchlichen Seiten im Charakter von Jan Jesenský. Lange auf sich selbst gestellt, hat er nicht gelernt, auf andere Rücksicht zu nehmen und für andere zu sorgen. So vehement, wie er sich für den Fortschritt der Zahnmedizin einsetzt, denkt er seinen Willen auch in der Familie durchsetzen zu müssen.

Jan Jesenský, der das Leben wie kaum ein anderer genießen kann, lebt andererseits sehr diszipliniert und gesundheitsbewußt. Unabhängig davon, wann er abends nach Hause kommt, steht er schon um fünf Uhr morgens wieder auf, nimmt ein kaltes Bad, und um halb sieben kann man ihm mit seinen zwei Hunden Tip und Top auf dem Lorenziberg begegnen. (In den Artikeln seiner Tochter kommen immer wieder Katzen vor, aber kein Hund, obwohl sie offensichtlich mit Hunden großgeworden ist.)

Fast jeden Sonntag unternimmt Professor Jesenský mit seinen Freunden lange Ausflüge in die Prager Umgebung. Mit einer Anzeige in der Tageszeitung *Národní listy* ruft er seine Truppe jedesmal zusammen: »Jesenský – Sonntag, golden, heilig!« Auch Milena kommt in den Genuß der gesundheitsbewußten Erziehung des Vaters. Sie turnt im tschechischen Turnerbund Sokol, lernt früh schwimmen, spielt Tennis, fährt Ski und begleitet ihren Vater bei den Ausflügen in die Prager Umgebung. »Ich habe nicht geahnt, daß Kafkas *Briefe an Milena* an die schweigsame, verträumte und schüchterne Tochter des Professors Jesenský gerichtet waren, die mit uns die Ausflüge in die Prager Umgebung absolvierte, bei denen ein vierzig Kilometer langer Marsch ihrem Vater immer noch als eine zu geringe Leistung vorkam«, wird sich Jahre später einer der »Mitläufer« von Jan Jesenský an Milena erinnern.[9]

Die langen Märsche mit ihrem Vater sind Milena Jesenská ins Blut übergegangen. Ihr Leben lang bleibt sie eine leidenschaftliche Spaziergängerin, beseelt von dem Glauben, daß man sich von jedem Schmerz, von jedem Kummer freilaufen kann. Als in den dreißiger Jahren Willy Haas vor den Nazis aus Berlin nach Prag flüchtet und sehr deprimiert ist, verordnet sie auch ihm diese Therapie und geht mit ihm täglich spazieren. Zehn Jahre vorher hat sie geschrieben:

> Glauben Sie mir, es gibt keinen Schmerz auf dieser Welt, den man nicht beim festen Ausschreiten auf einer unbekannten Landstraße betäuben könnte. Alles Leid läßt sich auf der Landstraße ertragen. Eins, zwei, eins, zwei, und schon kommt der Schmerz in regelmäßige Schwingungen, eins, zwei, eins, zwei, noch kämpft er mit den Füßen, noch zagt das Herz, es beginnt zu rasen, fließt über, beruhigt sich dann und wird schließlich eingeschaukelt, kann plötzlich wieder lachen. Die Füße haben den Schmerz zum Tode geschleift, er ist gestorben, die Welt ist hier, sie ist hier. Doch nur jetzt nicht stehenbleiben, nicht jetzt, sonst werden Sie gleich von neuem verzweifelt sein. Gehen Sie weiter, immer weiter, stundenlang bis zur Erschöpfung. Wenn Sie dann stehenbleiben und die Füße schweigen, werden Sie in der Stille, die sich um Sie breitet, vielleicht – sicher kann ich es nicht versprechen – zwei, drei Tränen finden ...[10]

Auf dem »Minerva«

Anfang September 1907 wird Milena Jesenská Schülerin des Mädchengymnasiums Minerva. Die Journalistin Marie Tarantová, selbst eine »Minervistin«, wie sich die Absolventinnen der Schule zu bezeichnen pflegen, gerät noch vierzig Jahre später ins Schwärmen, wenn sie die Erscheinung Milenas an diesem Tag beschreibt: »Wie gut stand es den beiden! Der Vater trug ihr die Schultasche und begleitete sie bis zum Tor ... Ich sehe sie wie heute vor mir in dem grauen Kostüm und mit dem dunklen breiten Velourhut vorne hochgehoben, hinten umgeklappt, mit einem wehenden Band. Er saß so zauberhaft auf ihrem hellen gekrausten Haar und hob sich deutlich ab von ihrem zarten Profil und ihrer durchsichtigen Haut ...«[11] So wie die elfjährige Milena hier vorgestellt wird, scheint sie schon bestimmt zu sein, eine prägende Figur der Klassengemeinschaft zu werden, deren Freundschaft begehrt und geschätzt wird. Als hätte der »Mythos Milena« schon hier seinen Anfang genommen.

Für Doktor Jesenský ist es von dem Standpunkt eines tschechischen Patrioten keine Frage, daß seine Tochter eine höhere Schule und zwar gerade dieses Gymnasium besuchen soll. Das bescheidene Gebäude der alten Schule bei St. Vojtěch in der Prager Altstadt beherbergt eine beachtenswerte Institution: das erste Mädchengymnasium in Österreich-Ungarn. Die Gründung der Schule im Jahre 1890 geht auf die Initiative und den unermüdlichen Einsatz der Schriftstellerin und Smetanas Librettistin Eliška Krásnohorská zurück. Es ist kein Zufall, daß das erste Mädchengymnasium in der Monarchie gerade in Prag und als ein tschechisches Institut gegründet wird. Für die tschechischen Patrioten bildet die Emanzipation der Frau einen Bestandteil der Emanzipation des tschechischen Volkes. Die kleine Nation weiß, daß sie sich gegen die Übermacht des deutschen Einflusses nur als eine Kulturnation zu behaupten vermag und kann auf die Mithilfe der Frauen nicht verzichten. Sie sind es schließlich, die die nächste Generation erziehen. Den Mädchen und jungen Frauen den Zugang zu den höheren Schulen zu ermöglichen, wird daher als eine nationale Aufgabe betrachtet. Hinzu kommen auch wirtschaftliche Gründe. In der zweiten Hälfte des 19. Jahrhunderts wächst im Zusammenhang mit der fortschreitenden Industrialisierung schnell die Anzahl der Frauen, die sich selbst ernähren müssen. Nachdem Gewerbevereine Frauen den Zugang zu gewerblichen Berufen erleichterten, ist es nur eine Frage der Zeit, wann auch für Mädchen höhere Schulbildung zugänglich gemacht wird.

In Deutschland und in Österreich-Ungarn scheinen die Widerstände gegen das Frauenstudium besonders groß zu sein. Während die Frauen in der Schweiz schon ihre ersten Hochschulexamina ablegen, dürfen die Mädchen in der Monarchie nur als Privatistinnen am Unterricht in den Knabengymnasien teilnehmen, und in den seltensten Fällen werden sie ohne jegliche Rechte als Hospitantinnen zum Studium an den Universitäten zugelassen. Der Widerstand der Wiener Behörden gegen das Frauenstudium wird als ein weiterer Beweis für die Unterdrückung des tschechischen Volkes aufgefaßt und verstärkt nur die Bemühungen Eliška Krásnohorskás und ihrer Helfer.

In den böhmischen Kronländern steht man dem Frauenstudium zwar allgemein positiver gegenüber als im übrigen Österreich; das bedeutet allerdings keineswegs, daß nicht auch hier von der Zulassung der Mädchen zur höheren Bildung ein Zerfall der Sitten und der Untergang öffentlicher Moral befürchtet wird. Manche stellen die Studentinnen sogar in eine Reihe mit Schauspielerinnen und anderen »freien Weibern«.

Die Eröffnung der Schule mit 51 Schülerinnen im September 1890 betrachtet Eliška Krásnohorská nur als einen Etappensieg. Ihr eigentliches Ziel ist es, den späteren Abiturientinnen des Gymnasiums den Zugang zum regulären Hochschulstudium zu erkämpfen. Das wird ihr nach und nach gelingen: Im Jahre 1895 werden die ersten Hospitantinnen zum Medizinstudium zugelassen, 1897 öffnen sich den Frauen die Tore der philosophischen, 1900 der medizinischen – die deutsche medizinische Fakultät ging übrigens der tschechischen voraus – und 1918 endlich auch der rechtswissenschaftlichen Fakultät. Ein Jahr vorher erhielten sie schon den Zugang zur technischen Universität. Die ersten Studentinnen werden hier von ihren Kommilitonen mit Applaus empfangen.

Diese Leistung wurde von einer Frau erbracht, die kaum einen Tag ihres Lebens ohne Schmerzen verbrachte und sich in den späteren Jahren die Feder an ihre durch den Rheumatismus deformierten Finger festbinden mußte, wenn sie schreiben wollte.

Als Milena Jesenská im Jahre 1907 das junge, aber schon traditionsreiche Institut betritt, hat das Minerva seine schwierigen Gründungsjahre bereits hinter sich. Seit 1904 sind in der Schule deren erste Abiturientinnen als Lehrerinnen tätig, darunter auch Albína Honzáková, die zu Milenas Lieblingslehrerin wird.

Die ersten Schülerinnen des Minerva standen noch unter dem Druck, durch ihre schulischen Leistungen den Nachweis erbringen zu müssen, daß sich Frauen für die höhere schulische Bildung genausogut eignen wie Männer. Die starke Motivation der ersten Minervistinnen war berühmt: Einmal erreichten zum Beispiel in Altgriechisch dreißig von vierzig Schülerinnen die Note Eins. Als Milena Jesenská das Gymnasium betritt, ist es schon etwas selbstverständlicher geworden, eine Gymnasiastin zu sein. Ihre Generation wird die Zugehörigkeit zum Minerva weniger als eine Verpflichtung denn als einen Freiraum erleben. Nach wie vor bleiben aber die Minervistinnen eine Elite unter den jungen Frauen in Prag, und das wissen sie ganz genau. Nicht zuletzt ist es auch ihre nach dem Sinn und Zweck des Frauenstudiums fragende Umgebung, die ihnen ihre außerordentliche Stellung immer wieder bewußt macht. Sie sind eben sicherer, freier, selbst- und zielbewußter als andere Mädchen. Und doch haben sie von ihrer Weiblichkeit nichts verloren. In der Stilisierung nach der griechischen Mythologie als »Apollons Schar« scheinen sie Glanz, Frohsinn und blühendes Glück zu verkörpern.*

Auf diese »neuen Mädchen« reagiert die männliche Jugend oft mit Irritation und Spott. Ein Mädchen, das Griechisch und Latein kann, ist in diesen Jahren eine äußerst seltene Erscheinung, und man weiß nicht genau, wie man sich ihm gegenüber verhalten soll. »Ach, die Minerven, wie strapazieren sie meine Nerven«**, reimen die Prager Studenten, und der Vers überlebt sogar die Schule. Noch in den fünfziger Jahren kann man ihn in Prag hören.

Es ist der Vater, der Milena vor das Tor der Schule begleitet, nicht die Mutter. Die Familie nach außen zu vertreten, steht ihm zu. Gut gelaunt, stolz auf seine hübsche, gut erzogene Tochter, zeigt er sich gerne in dem bunten Haufen der Eltern und Schülerinnen vor dem Gymnasium. Milenas Mutter sitzt vielleicht zur gleichen Zeit im Morgenkleid vor dem Spiegel, kämmt sich ihr langes kastanienbraunes Haar und denkt an ihr Mädchen, das heute einen neuen Lebensabschnitt beginnt. Sie wird wohl mehr Möglichkeiten haben …

Milena ist noch nicht lange auf dem Gymnasium, als ihre Mutter unheilbar erkrankt. Nach einer Überlieferung handelt es sich um perniziöse Anämie, nach einer anderen um eine

*Aglaia (Glanz), Euphrosyne (Frohsinn) und Thalia (blühendes Glück) heißen die drei Charitinnen, Göttinnen der Anmut, Heiterkeit und Lieblichkeit. Später werden sie als die drei Grazien bezeichnet.

**Tschechisch: Dívko z Minervy, ach nervi mi nervy!

Erkrankung des Rückenmarks. Ihre Krankheit wirft einen langen Schatten auf das Leben der Familie Jesenský. Die Spaziergänge fallen langsam aus, so wie sich der Lebenskreis der Mutter allmählich auf die Wohnung, ihr Zimmer, den Rollstuhl und letztlich auf das Bett beschränkt. Die vertraute Gemeinschaft zwischen Mutter und Tochter scheint aber auch nach dem Ausbruch der Krankheit, die Frau Jesenská vermutlich schon lange in sich trug, weiterzubestehen. Ein Zeugnis davon legt auch ein undatierter Brief Milenas an die Schauspielerin Marie Hübnerová ab, geschrieben wohl kurz nach dem Tod der Mutter:

> Wissen Sie, warum ich zu Ihnen gehen mußte – Sie gute, gute Frau? Weil mich Ihre Märchen an meine Mutter erinnerten und die Stunden, als ich ihr zuhörte, an ihrem Lehnstuhl zusammengekauert. Sie konnte so schön erzählen wie Sie – und mich bewegen und zu Tränen bringen, wie Sie – meine – meine Mutter ...[12]

So lange sie noch kann, kümmert sich Frau Jesenská um ihre Tochter. Und für Milena stellt die Mutter, wenn auch krank, doch einen festen Punkt im Leben dar, im guten wie im weniger guten Sinne. Die ganzen Nachmittage verbringt die Heranwachsende im Zimmer der Kranken. Einerseits will sie sicher mit ihrer Mutter zusammensein, andererseits wird sie dazu auch gezwungen; denn aus erzieherischen Gründen besteht der Vater darauf, daß sie einen Teil der Pflege der Mutter übernimmt. Wenn er abends nach Hause kommt, löst er die Tochter ab. Er überlegt nicht, daß Milena von dieser Aufgabe überfordert sein könnte. Er hat es eben so beschlossen. Tag für Tag macht Milena einen »Sprung« zwischen zwei ganz verschiedenen Welten: Den Vormittag erlebt sie in der fröhlichen Runde der Mitschülerinnen auf dem Minerva, den Nachmittag mit der kranken Mutter, deren Kräfte zusehends nachlassen.

Milena Jesenská mit 13 Jahren am Moldauufer 1909

Einmal kann es Milena im Zimmer der Kranken nicht mehr aushalten und stiehlt sich, die Mutter schläft gerade, für eine halbe Stunde davon. Als sie zurückkommt, scheint alles in Ordnung zu sein. Nach einer Weile hört sie plötzlich die Stimme der Mutter: »Wie gut verstehe ich dich, Mädchen. Ich würde auch weglaufen, wenn ich nur könnte«.[13] Sie sagt es, ohne die Augen zu öffnen.

Die Krankheit der Mutter verstärkt die Spannungen zwischen Vater und Tochter. Milena kann nur schwer ertragen, wie er mit der Kranken umgeht. Wenn er abends nach Hause kommt, versucht er sie mit Witzen und lustigen Histörchen aufzuheitern. Milena findet es unpassend. Bis an ihr Lebensende wird sie eine Begebenheit aus dieser Zeit nicht vergessen. Einmal, im Frühjahr, bringt Professor Jesenský seiner Frau ein Sträußchen Veilchen, über die sich die Kranke über alle Maßen freut. Nach ein paar Stunden kehrt er unerwartet in das Zimmer seiner Frau zurück, entschuldigt sich bei ihr und holt das Sträußchen aus der Vase. Er braucht es dringend, um es einer Patientin zu schenken.[14] Es gibt mehrere solcher Situationen, die Milena zutiefst empören. Sicherlich würde sie ihrem Vater einiges nachsehen können, wenn er sich ihr gegenüber nicht immer als eine unfehlbare Autorität gäbe. An diesem Anspruch wird er dann auch von ihr gemessen. Wie anders sind die Menschen bei Dostojewski, den Milena so gerne liest, offen in ihrer Menschlichkeit, jederzeit bereit, ihre Fehler und Unzulänglichkeiten einzugestehen. Auf diesem Boden können dann Gnade und Verzeihung gedeihen. In Milena staut sich Ohnmacht und Wut.

Marianne Horáková, die Klassenkameradin vom Minerva, zeichnet in einem Brief aus dem Jahre 1967 ein differenziertes Bild von der Milena dieser Jahre: »Sie hatte einen ausgeprägten Charme, war nicht sehr gesprächig und debattierfreudig, sondern eher konzentriert, scharf nachdenkend. Sie verstieß nie gegen die Etikette und jagte nie etwas nach. Ich habe sie nie essen gesehen und nehme an, sie gewöhnte sich an, auf die englische Art zu frühstücken. Gerne stützte sie ihren hellen, nachdenklichen, knabenhaft schönen Kopf auf den Arm. Ihre Kleidung war sehr persönlich. Sie trug einen breiten, dezent karierten Faltenrock, einen Ledergürtel und eine helle, immer makellose hemdartige Bluse«. Als Marianne Horáková zur Heirat gezwungen werden sollte, »hatte mir die engelhaft schöne Milena, so erschien sie mir damals, ihr Zuhause angeboten. Sie hatte meine Not, meine ohnmächtige Trauer und Ratlosigkeit von meinen Augen abgelesen. Als eine andere

Milena Jesenská 1911

Mitschülerin deswegen eifersüchtig wurde, sagte ihr Milena: Ich bin in ihren kindlichen Augen ertrunken.«[15]

Als zurückhaltend, aber warmherzig, immer bereit zu helfen – wenn auch diese Bereitschaft stark literarisch nachempfunden ist –, beschreibt Marianne Horáková ihre Mitschülerin

Milena. Ihre Rolle als Favoritin der Klasse, um deren Gunst und Freundschaft eifersüchtig gerungen wird, zeichnet sich hier ab. Diese Eifersucht wird Milena in ihrem Leben oft erfahren, noch auf der letzten Station ihres Lebens im Konzentrationslager Ravensbrück.

Aus der Tatsache, daß Marianne Horáková in ihrem viel längeren Brief die Krankheit von Milenas Mutter mit keinem Wort erwähnt, kann man, wenn auch nicht mit letzter Sicherheit, den Schluß ziehen, daß Milena über ihre Situation zu Hause mit ihren Mitschülerinnen nicht sprach. Sich anzuvertrauen oder gar zu beschweren, hätte zu ihrer Rolle in der Klasse nicht gepaßt.

Bisher wurde allgemein angenommen, daß Milena Jesenská erst in Wien zu schreiben begann, nicht zuletzt unter dem Druck ihrer schweren materiellen Lage. »Naše snahy« (Unsere Bestrebungen) steht auf der Titelseite des handgeschriebenen, in violetter Farbe gedruckten Heftes. Drei Hefte der Klassenzeitung der Quinta A* des Gymnasiums Minerva aus dem Jahr 1911/12. Der Inhalt: einige Gedichte, Reisebeschreibungen, kleine Geschichten, darunter in der Nummer 1 eine mit dem Titel »Menschen sterben – Menschen vergehen«, geschrieben von A. X. Nesseyová. Die Geschichte ist ein Stimmungsbild nicht ohne Sinn für soziale Problematik, geschrieben mit gekonntem Einsatz verschiedener literarischer Mittel. Interessant ist das Pseudonym der Schreiberin: Als A. X. Nessey wird Milena Jesenská fast zehn Jahre später ihre Artikel für die Tageszeitung *Tribuna* unterschreiben.

Überraschend sind die frühen Schreibversuche eigentlich nicht. In der geistig anregenden Atmosphäre des Minerva gehört es fast zum guten Ton, sich im Schreiben zu versuchen. Außerdem gibt es in Milenas Familie gleich zwei Beispiele

*Die fünfte Klasse des Gymnasiums nach der österreichischen Zählungsart: Prima, Sekunda, Tertia, Quarta, Quinta, Sexta, Septima, Oktava.

schreibender Frauen, beides ältere Schwestern des Vaters: die Übersetzerin aus dem Englischen, Marie Jesenská, und vor allem die in der damaligen Zeit sehr geschätzte Schriftstellerin Růžena Jesenská, Verfasserin von Gedichten und Frauenromanen, in welchen Fragen der weiblichen Erotik mit einer damals nicht üblichen Offenheit angesprochen wurden.

Als die Kräfte der Mutter nachlassen und Milena sich immer mehr sich selbst überlassen fühlt, schaut sie sich in ihrer Umgebung nach einem Menschen um, der ihr ein Stütz- und Orientierungspunkt sein könnte, dem sie sich anvertrauen kann und der ihr zuhören würde. Diesen Menschen findet sie in ihrer Lehrerin Albína Honzáková.

Mit violetter Tinte, in einer gestochenen Schrift, oft auch auf einem violetten Papier, der Briefumschlag natürlich versiegelt, wird Milena Jesenská in den Jahren 1912 bis 1915 ihrer Lehrerin immer wieder über ihre guten Vorsätze, Interessen, Lieblingsschriftsteller und Sehnsüchte schreiben.

> Wie habe ich mich auf Ihre Stunden gefreut und wie zufrieden war ich danach. Und wie fürchte ich mich davor in diesem Jahr, und was für einen bitteren Nachgeschmack hinterlassen sie in mir. Vielleicht ist es meine eigene Schuld, sicher ist es meine Schuld, ich weiß ... Und warum benehme ich mich so? Das weiß ich selber nicht ... Vielleicht um dieses bittere Gefühl zu verbergen ...? Schade um die Stunden im vergangenen Jahr – nicht wahr? Ich weiß ... im vergangenen Jahr gab es zu viel Sentimentalität usw. Aber jetzt gibt es sie nicht mehr, wenigstens nicht auf Dauer!
> (...)Ich weiß, ich habe mich von Ihnen zu weit entfernt, um zu Ihnen mit allem zu kommen, wie im vorigen Jahr ... Und ob in mir etwas ist – das wird sich, wenn Gott es will, zeigen –. Ich hoffe und glaube, daß ich endlich meine Fehler überwinde, wie meinen Vorwitz, zeitweilige Faulheit –

eigentlich die Unlust, mich damit zu beschäftigen, was mich nicht interessiert, – und meine Neigung zur Sentimentalität (?). Wenn ich das überwinde, werde ich mich nicht wehren, wenn Sie sagen, daß ich ein Nichts bin.[16]

(Prag, 7. Mai 1912)

Die Selbststilisierung ist unverkennbar. Doch verbirgt sich hinter der modischen Attitüde vor allem die Hilflosigkeit eines jungen Menschen, der mit sich selbst und der Welt ringt. Der Brief dient vor allem als Mittel, um das innere Chaos zu ordnen. Für Milena sind es allerdings nicht nur Menschen, es sind auch Bücher, die zu wichtigen Identifikationsobjekten werden und wie nahe Freunde behandelt werden. Für eine knapp Sechzehnjährige hat Milena beträchtliche Literaturkenntnisse vorzuweisen:

So viele schöne Bücher nehme ich mit – und ich werde so viel Neues wissen, wenn ich zurückkehre! Ich werde Ihnen darüber schreiben – *Zarathustra* nehme ich auch mit – obwohl ich ihn schon so gut kenne. Er muß doch mit mir ans Meer – nicht wahr? Und noch ein Buch kenne ich fast auswendig und nehme es doch mit, Andersens Märchen – kennen sie Andersen? Es sind die schönsten Märchen der Welt. Eigentlich sind es keine Märchen –. Im Herbst begann ich, mir eine Bibliothek zuzulegen – ich habe schon 150 Bücher. Und ich habe sie alle so gerne – . Ich habe sie ganz anders binden lassen als üblich – in japanische feste Papiere – und in Leder – wissen Sie, in diese weichen Leder, die sich so schön anfühlen – und manche in Rohleinen. Ich habe fast den ganzen Maeterlinck – ach – mögen Sie auch Maeterlinck? Ich sage Ihnen einen Satz von ihm: »Ich sah Tränen, die aus einer größeren Weite kamen als aus den Augen«. – Nun, ist es nicht ein wunderschöner Satz? Und Ibsen und Björnsen – und Wilde – und Březina und Nietzsche – und Hardt – und viele Autoren, die ich so gerne habe – und Hamsun – mein Gott, wie konnte ich ihn nur vergessen – . Und alle diese Bücher gehören so sehr zu mir, so daß es mir scheint, daß kein anderes Exemplar – selbst, wenn es der gleiche Titel wäre – so schön ist, wie das meine. Sie müssen einmal zu mir kommen, und sie sich anschauen –.

Im Jahre 1913 geht das Leben von Frau Jesenská dem Ende entgegen. Die letzten Monate sind für die Kranke besonders qualvoll. Die vertraute Gemeinschaft zwischen Mutter und Tochter ist zur Zwangsgemeinschaft geworden. Als die Mutter stirbt, kann Milena – zuerst – nur Erleichterung empfinden. Eine ähnliche Situation, wie sie sie schon einmal, nach dem Tode ihres kleinen Bruders, vor vierzehn Jahren erlebt hatte. Ob es kurz vor dem Tode der Mutter wirklich die Szene gab, die Jana Černá schildert[17], ist allerdings schwer zu sagen: Milena soll dem Arzt die Spritze, mit der er das Leben von Frau Jesenská für ein paar Stunden noch verlängern wollte, aus der Hand gerissen und auf den Boden geworfen haben. Allerdings, an Entschlossenheit und Nüchternheit hat es Milena im Leben nie gefehlt.

Die knapp siebzehnjährige Milena erlebt zwar den Tod der Mutter als eine Erlösung, sowohl für die Familie als auch für die Kranke selbst; das soll jedoch keineswegs heißen, daß sie nicht trauert und daß ihr die Mutter nicht fehlen wird. Bis jetzt bildete sie doch einen festen Bezugspunkt in Milenas Leben, wenn auch in zunehmendem Maße als ein Ort der Pflicht. Die Pflege der Kranken hatte einen beträchtlichen Teil von Milenas Kräften gebunden. Und diese Kräfte sind jetzt frei, durch keinen äußeren Zwang wie bisher geordnet. Bei Milenas Temperament, dem aufgestauten Bedürfnis nach Erlebnissen und Abenteuern, von der erwachenden Sexualität ganz zu schweigen, eine gefährliche Situation. Das Verhalten Milenas in den nächsten Jahren wird immer wieder den Eindruck erwecken, daß sie mit dem Tod der Mutter auch ein Stück Halt im Leben verloren hat.

Die frühe Begegnung mit Krankheit und Tod hat Milenas Beziehung zum Leben zweifellos nachhaltig beeinflußt. Aus nächster Nähe erlebt sie, wie zerbrechlich und endlich das menschliche Leben ist. Sie steht erst auf der Schwelle zum Erwachsensein, aber bereits ohne Illusionen. Diese Ernüchterung schwächt allerdings keineswegs ihre Liebe zum Leben und ihren Lebenswillen. Ihr immer etwas verhangener Blick, wie man ihn aus den frühen Fotografien kennt, scheint ständig die beiden Seiten des Lebens im Visier zu haben. Die eigene Erfahrung, verstärkt durch die Lektüre Dostojewskis, wird ihre im Grundton eher mitleidige Einstellung zum Menschen prägen. Die Solidarität mit ihm wächst bei Milena Jesenská aus dem Bewußtsein seiner Sterblichkeit. Für diesen Menschen wird sie später in ihren Feuilletons und Artikeln etwas Harmonie, Sonne, Schönheit und Glück zu retten versuchen. Noch in einem anderen Punkt hat die Erfahrung mit der Krankheit Milena gezeichnet: Ihr ganzes Leben wird sie sich zu notleidenden Menschen hingezogen fühlen.

Durch die Pflege der Mutter hat sich Milena allerdings auch praktische Fertigkeiten erworben. Noch im Krankenrevier des Konzentrationslagers Ravensbrück werden sie ihr zugute kommen. Das kleine Kruzifix, das über dem Bett der Mutter hing, wird in allen späteren Wohnungen Milenas hängen.

In der letzten Phase der Krankheit seiner Frau und nach ihrem Tod bittet Professor Jesenský immer wieder Frauen aus befreundeten Familien, sich seiner Tochter anzunehmen. So kommt Milena Jesenská an einigen Wochenenden in die Ferienvilla der Familie S. in Dobřichovice bei Prag. In den Erinnerungen des Sohnes der Familie[18], der als kleiner Junge Milena hier begegnete, lebt sie nicht als »die schweigsame verträumte

Tochter von Professor Jesenský«, sondern als ein wildes, ungezähmtes Geschöpf von großer Ausstrahlung. »Sie war wie ein Sonnenstrahl«, erinnerte sich noch nach vielen Jahren Herr S. Wenn Milena im Hause zu Gast war, drehte sich alles um sie, sie war der Mittelpunkt, so daß sein Vater auf sie sogar eifersüchtig wurde. Sie liebte es, bei Gewitter aus dem Fenster zu steigen und alleine spazieren zu gehen. Ihr hat man es aber nachgesehen, weil auch die Hausangestellten sie gerne mochten. Sie konnte sich wunderbare Spiele ausdenken, die Kinder im Hause liebten sie, als wäre sie ihre eigene Schwester. Sie spielte gerne mit ihnen, war aber auch sehr individualistisch und hatte nur wenige Freundinnen. Es ärgerte sie, wenn jemand versuchte, sie in ihrer Art nachzuahmen. Sie schrieb Geschichten und Gedichte, aber auch Märchen im Stil von Hans Christian Andersen. Manchmal las sie auch etwas von ihren Schreibversuchen vor, und alle waren begeistert davon. Sogar die Erwachsenen hörten ihr gerne zu. Sie war zwar exzentrisch, aber nie affektiert, sie wirkte und verhielt sich sehr natürlich. Ihr Vater war fast militärisch streng zu ihr, letztlich hat er ihr aber alles erlaubt.

In die Zeit der Aufenthalte in Dobřichovice fällt auch die kurze, noch kindliche Liebe Milenas zu Jiří Foustka, dem Bruder ihrer Mitschülerin und späteren Mitarbeiterin Zdenka Foustková. Sie schrieb sogar ein Gedicht auf ihn, wie sich Herr S. erinnern kann. Treffen auf dem Friedhof, möglichst bei einbrechender Dunkelheit, gehören zu dem romantischen Kolorit, das Milena ihrer Liebe gibt. Jiří Foustka, später ein bekannter Zahnarzt, blieb Milena sein Leben lang in brüderlicher Freundschaft verbunden. Er war immer für sie da, wenn sie ihn brauchte.

Bald nach dieser noch kindlich romantischen Liebe wird Milena weniger gute Erfahrungen auf diesem Gebiet machen. Dem Maler und Illustrator Artuš Scheiner aus der Künstlergruppe »Jednota« entging das hübsche, schlanke Mädchen nicht, das an dem Tisch von Professor Jesenský in dem Holländischen Café in der Pariser Straße oft zu sehen war. Hinter dem Rücken des Vaters lädt er Milena in sein Atelier ein. Sie soll ihm Modell stehen. Milena, neugierig, lebenshungrig, aber auch naiv, geht auf die Einladung ein. Es waren keine guten Erfahrungen, die sie hier machte. In Prag hat man gemunkelt, daß Milena dem Maler sogar nackt Modell stand. Ins Gerede kam sie, nicht der Maler.

Auch die große, einem Buch stark nachempfundene Liebe Milenas zu dem Sänger Heribert Vávra hinterläßt einen bitteren Nachgeschmack. Über diese Enttäuschung wird sie auch ihrer Lieblingslehrerin Albína Honzáková schreiben:

> Ich habe versprochen, Ihnen darüber zu schreiben – ich habe schon fast hundert Seiten geschrieben – hier neben mir liegen sie. Aber jetzt fühle ich, daß ich sie Ihnen nicht schicken kann. Es ist eine alltägliche Geschichte – ein paar Worte reichen. Ich hatte jemanden gerne, und als ich ganz glücklich war, bekam ich seine Heiratsanzeige. Es gab einige Tage und zwei Nächte, und sie waren schön – und meine – und doch sage ich mir jetzt, es hätten weniger sein sollen, weil die Leute es wissen. Über mein Märchen wird in Prag getratscht.

Auf diese Liebe bezieht sich auch ein späterer Brief Milenas, geschrieben schon in den ersten Monaten des I. Weltkrieges:

> Einen einzigen Menschen auf der Welt hatte ich und habe ich immer noch gerne. Meine Seele würde ich für ihn geben. – Schon einmal habe ich Ihnen darüber geschrieben – und heute lese ich in der Zeitung – daß er zum Krüppel wird – beide Beine zertrümmert – so einfach geschrieben steht es hier –.

Und ich lerne für morgen Geschichte – mein Gott – die Zeilen flattern mir vor den Augen und im Kopf höre ich nur das eine Wort: zertrümmert – zertrümmert – nein, es ist nicht schön, auf der Welt zu sein. Nein.

(28. Oktober 1914)

Wer Milena Jesenská allerdings nur von Prager Straßen und Promenaden kennt, würde nicht glauben wollen, daß sie in dem Brief an die Lehrerin den Satz: »Nein, es ist nicht schön auf der Welt zu sein«, geschrieben hatte. Der müßte annehmen, daß für sie und ihre zwei Freundinnen, Staša Procházková und Jarmila Ambrožová, das Leben nur ein unendliches Vergnügen ist. Mehr als einmal machen Milena und ihre Freundinnen, im Minerva »Skandalistinnen« – »Výtržnice« genannt, von sich reden. Während die Mehrheit der Frauen sich noch ins Korsett zwängt, bringen Milena und ihre Freundinnen ihr Bedürfnis nach Freiheit und Offenheit, ihre Ablehnung der bürgerlichen Moral auch in ihrer Kleidung zum Ausdruck. In fließenden, pastellfarbenen Gewändern, das aufgelöste Haar nach Art der englischen Präraffaeliten gekämmt, in Sandalen und – damals unvorstellbar – ohne Strümpfe, tauchen sie eines Tages auf dem Korso auf, als wollten sie die neue Freiheit der Frau ankündigen. Sie besuchen eifrig Konzerte und Theater ohne Damenbegleitung, was sich für Mädchen aus ihrer Schicht nicht gehörte. Wie bei der Jugend damals üblich, schwärmen sie für Schauspieler und Opernsängerinnen, jubeln ihnen bei den Vorstellungen zu, werfen auf die Bühne Blumensträuße, die sie entweder von ihrem Taschengeld gekauft oder in Parks und Privatgärten zusammengeklaut haben, und warten auf ihre Idole vor dem Bühneneingang. Oft sieht man sie eingehakt und aneinandergeschmiegt durch die Straßen gehen, was wieder Anlaß zu Gerede gibt.

Gleichzeitig schreibt Milena in den Briefen an die geliebte Lehrerin über die großen Taten, die sie vollbringen will:

Und Sie sind ein wunderbarer Mensch, Fräulein Doktor, ich achte Sie so sehr. Die große Zeit soll uns nicht zu gering finden. Nein, sicher nicht. Ich möchte mich aus meiner ganzen Kraft bemühen, kein geringer Mensch zu bleiben. Jetzt ist es noch schwer, nicht wahr? Jetzt bin ich noch zu wenig – aber ich möchte es weit bringen im Leben. Sehr weit. Ich hoffe, ich werde Ihnen in einigen Jahren das Ergebnis meiner Arbeit zeigen können. Es wird sicher nicht unbedeutend sein.

(14. September 1914)

Nach dem ungeschriebenen Gesetz pflegen sich in dem national aufgewühlten Prag dieser Jahre die beiden hier lebenden Nationen gegenseitig zu ignorieren. Ein guter Tscheche geht nicht in ein deutsches Theater, ein Deutscher, der etwas auf sich hält, nicht in ein tschechisches. Auch der Korso ist strikt getrennt; die Tschechen promenieren auf der Ferdinandstraße, die Deutschen und die Juden auf dem Graben.

Eines Tages verstoßen die drei jungen Mädchen auch gegen dieses ungeschriebene Gesetz und überqueren einfach die Trennungslinie zwischen den beiden Korsos am unteren Ende des Wenzelsplatzes, der Brücke. Die drei werden von dem deutsch-jüdischen Prag genauso angezogen, wie die jungen jüdischen Literaten, die sich im Café Arco in der Hyberner Gasse, der Hybernská, versammeln, von dem tschechischen. Den jungen Pragerinnen imponiert die Weltoffenheit der jungen jüdischen Intellektuellen aus dem Kreis um Franz Werfel und Max Brod. Diese wiederum fasziniert die Schönheit, Klugheit und Spontaneität der jungen Tschechinnen. Der Auftritt der drei auf dem deutschen Korso am Graben, selbstverständlich in den wallenden Gewändern, bleibt nicht ohne Wirkung: Selbst der Statthalter von Prag, Graf Thun, dreht sich nach ihnen um. »Wie haben wir die Jungen aus dem Graben und dem Arco gehaßt«, erinnerte sich noch nach Jahren ein Generationsgenosse Milenas. »Aus unseren Jagdgründen hatten sie uns die schönsten Mädchen herausgefischt. Ihre deutsch-jüdischen Mädchen waren dagegen langweilig und unansehnlich. Im Sommer in den Badeanstalten konnte man es gut beobachten und vergleichen.«[19]

Mit dem Versuch, die Wirkung von Morphium aus der Praxis des Vaters an sich auszuprobieren, erreichen Milena und ihre Freundinnen bereits die Grenze der unbedenklichen Jugendstreiche. Milena geht noch weiter. Sie gibt das Geld ihres Vaters mit vollen Händen aus – seit ihrem vierzehnten Lebensjahr hat sie Zugang zu seinem Bankkonto –, nicht für sich, sondern für ihre Freundinnen und Freunde, denen sie jeden Wunsch von den Augen abliest. Sie macht Schulden. Bald wird die Grenze zwischen Geben und Nehmen für sie fließend. Sie läßt sich treiben, als wollte sie dadurch die Grenzen erfahren und herausfinden, ob es überhaupt welche gibt.

Sicher geschieht vieles davon, was Milena jetzt tut, mit einem verstohlenen Blick zum Vater. Auf diese Art und Weise begehrt sie gegen ihn auf. Sie möchte ihm für die Jahre, in denen sie sich von ihm unter Druck gesetzt fühlte, heimzahlen. Sie möchte aber auch seine Aufmerksamkeit auf sich ziehen, seine Zuwendung, wenn auch negative, provozieren. Manchmal hat man aber den Eindruck, daß sie sich bei allen ihren Eskapaden über sich selbst wundert, als stellte sie sich immer wieder die Frage aus dem Brief an Albína Honzáková: »Und warum verhalte ich mich so?« Professor Jesenský hat jedenfalls alle Hände voll zu tun, um die Streiche seiner Tochter wiedergutzumachen. Und das ist erst der Anfang. Der gute Klang des Namens Jesenský, die Autorität des Professors helfen ihm dabei.

Inzwischen werden in den Zeitungen täglich lange Listen der Verwundeten veröffentlicht, die aus den »Ehrenfeldern« des I. Weltkrieges in die Prager Krankenhäuser und Lazarette eingeliefert werden. Professor Jesenský hat den Krieg sehr schnell als die Chance des weiteren Fortschritts in seinem Fach begriffen und schon im August 1914 im Krankenhaus auf Žižkov eine spezielle Abteilung für Gesichtsverletzungen gegründet. In den nächsten vier Jahren wird er genug »Material« haben, um Erfahrungen mit der operativen Behandlung von Kriegsverletzungen im Gesichts- und Kieferbereich zu sammeln. Am Ende des Krieges ist das neue Fach, die Kieferchirurgie, zu dessen Entwicklung er maßgeblich beigetragen hat, etabliert. Für diese Instrumentalisierung des Kriegsgrauens hat Milena wenig Verständnis, wenn sie auch anerkennen muß, daß ihr Vater vielen Verletzten geholfen hat.

Der Ausbruch des I. Weltkrieges bedeutet zwar für die an langen Frieden gewöhnte Gesellschaft einen Schock, bald scheint sich aber das Leben wieder zu normalisieren. Man rechnet zuerst damit, daß der Krieg nur ein paar Monate dauern wird. Er breitet sich aber immer weiter aus, wird bald auch bei der Versorgung mit Lebensmitteln und anderen Dingen spürbar. Jesenskýs leiden allerdings keine Not. Die dankbaren Patienten und Kriegsverletzten, die vom Lande kommen, zeigen sich erkenntlich.

Auf ihre Art versucht Milena mehr Gerechtigkeit in die Verteilung von diesen kostbaren Gütern zu bringen, indem sie die Speisekammer und später auch den Kleiderschrank des Vaters ihren notleidenden Freunden öffnet. So muß Professor Jesenský eines Tages zu seinem großen Erstaunen feststellen, daß ein jüngerer Kollege, ein Student, es war wohl Milenas Freund Jiří Foustka, seine allerfeinsten Socken trägt. Daß der Vater auf solche Einfälle seiner Tochter nicht mit Begeisterung reagiert, kann man sich denken.

Acht Jahre später wird Milena Jesenská in dem Feuilleton »Jugend« sicherlich auch über ihre eigene Jugendzeit schreiben:

Ich weiß nicht, durch welchen Irrtum der Spruch aufgekommen ist und heute als eine Wahrheit gilt, daß die Jugend die einzig glückliche Zeit des Lebens sei. Vielleicht, weil die Menschen so schnell vergessen und das Vergangene immer schön ist. Sicher, wir waren fröhlich, glücklich, töricht, verrückt, leichtsinnig, kopflos. Aber alle hatten wir das Geheimnis eines wirklichen maßlosen Kummers. Es war der Kummer eines Menschen, der nicht weiß, warum und wofür er leidet, der sich seines Schmerzes halb schämt, halb rühmt, und der sich einzig und allein aus diesem Schmerz entwickelt, aus ihm herausbildet. Alles hängt nur davon ab, wie tief und ehrlich ein Mensch den Schmerz seiner Jugend verarbeitet. Das wird der Maßstab und Reichtum für sein ganzes Leben sein. Denn das ganze Leben lang hat er nichts anderes, erwirbt er nichts anderes, lernt er nichts anderes kennen. Sein Leben lang hat er Erlebnisse. Aber nur in der Jugend durchlebt er seelische Veränderungen. Der Mensch ist nur einmal reich, einmal produktiv in der Pein seiner sechzehn Jahre. In dem Moment, in dem ihm sein Schmerz nicht mehr endlos erscheint, bleibt er irgendwie stehen und lebt davon, was er gespeichert und gespart hat ... Und trotz alledem, wer wirklich aufrichtig sein kann, sagt sich: Niemals möchte ich wieder sechzehn Jahre alt sein. Durch welches Wunder habe ich das eigentlich überlebt?[20]

Café Arco

Im Frühjahr 1915 legt Milena Jesenská auf dem Gymnasium Minerva ihr Abitur, die österreichische Matura, ab. Der treue Freund Foustka versteckt sich in einem Lichtschacht neben dem Raum, in dem die mündlichen Prüfungen stattfinden, um ihr beim Beantworten der Abiturfragen im Notfall beizustehen. Im folgenden Jahr wird er den gleichen Dienst auch der um ein Jahr jüngeren Staša Procházková erweisen. Milena Jesenská ist zwar nicht mehr die gute Schülerin wie in den ersten Klassen auf dem Gymnasium, auch hier hat sich die Krankheit und der Tod der Mutter ausgewirkt, aber der Einfall mit dem Lichtschacht ist wohl eher ein weiterer Jugendstreich der »Skandalistinnen«.

Nach der Matura schreibt Milena Jesenská den letzten Brief an ihre geliebte Lehrerin:

> Ich will mich bei Ihnen bedanken. Nicht nur für die Matura. Für all die acht Jahre. Dafür, daß Sie mich niemals verurteilt haben für Dinge, die ich liebe, daß Sie mich als die Einzige nicht ausgelacht haben für das, was ich lese, und für das, was mir gefällt. Und dafür, daß Sie mir niemals gesagt haben, ich sei überspannt, weil ich Musik, Bilder und Bücher gerne habe. Das werde ich Ihnen nie vergessen.

Nach dem Abitur schreibt sich Milena Jesenská auf Wunsch des Vaters zum Medizinstudium ein. Er möchte, es ist als eine Auszeichnung gemeint, daß sie die Familientradition fortsetzt, in seine Fußstapfen tritt. Jetzt soll Milena die Rolle des Stammhalters und Sohnes spielen. Ein anderes Mal wieder wird ihr das Verhalten einer braven Tochter abverlangt.

Sehr wahrscheinlich ist aber auch Milena Jesenská der Gedanke an das Medizinstudium nicht ganz fremd gewesen. Der Beruf des Arztes, als Sinnbild der Hilfe für leidende Menschen, hat sie möglicherweise sogar angezogen. Jedenfalls kann man sich kaum vorstellen, daß sich Milena zu einem Studium hätte zwingen lassen, zu dem sie gar keine Neigung verspürte.

Es war keine gute Wahl. Hätte sich Professor Jesenský mehr Gedanken über seine Tochter gemacht und nicht nur, wie schon so oft, seine eigenen Vorstellungen verwirklichen wollen, hätte er schnell zu dem Schluß kommen müssen, daß Milenas leicht erregbares, spontanes Naturell und ihr Mangel an Disziplin keine guten Voraussetzungen für das Medizinstudium sind.

Milena kann kein Blut sehen, sie verträgt den Geruch in den Sälen der Anatomie nicht, und das Sezieren von Leichen fällt ihr schwer. Sie muß bald feststellen, daß die physischen Gebrechen des Menschen sie nicht sonderlich interessieren. Nein, die Medizin ist nicht die Art, wie sie sich dem Menschen nähern will.

Mehr Glück mit seiner Empfehlung hatte Professor Jesenský bei dem jungen Josef Švejcar, dem späteren bekannten tschechischen Pädiater. Als ihm der junge Mann bei einer Zahnbehandlung anvertraut, daß er Kunstgeschichte studieren möchte, widerspricht Jesenský heftig seiner Absicht, dieses brotlose Studium zu wählen und empfiehlt ihm die Medizin. Für Jesenský ist es immer noch das beste Studium, das er sich vorstellen kann. »Unsere Milena ist dort, die wird Ihnen schon helfen, sich zurechtzufinden«, fügt er hinzu, und man merkt an seiner Stimme, wie stolz er auf die studierende Tochter ist.

»Ich habe also versucht mit ihr bekannt zu werden, aber es ging nicht, mit ihr befreundet zu sein«, erzählt Professor Švejcar.[21] »Ich fand sie unmöglich. Für ihr Studium machte sie nichts; um elf Uhr vormittags war sie schon auf der Ferdinandstraße, kaufte für sich und ihre Freundin bei Dittrich zwei Blumensträuße auf Rechnung ihres Vaters und promenierte dann auf und ab. Sie hatte ihrem Vater riesige Schulden gemacht, bis er in die Zeitung eine Anzeige gab, daß er für seine Tochter keine Rechnungen mehr begleicht. Als ich sie einmal kritisierte, es war auf dem Wenzelsplatz, sagte sie zu mir: ›Sie sind ein widerlicher Bursche‹, und sprang in die Straßenbahn. Das war das Ende unserer Bekanntschaft. Sie hatte damals schon einen Liebhaber, den Polak. Sie hatte ganz andere Vorstellungen als ich. Auch mit ihrem Bekanntenkreis konnte ich nichts anfangen, die waren mir alle fremd, manche aus der Seele widerlich.« Ein Portrait Milenas aus ihrer Sturm-und-Drang-Zeit.

Noch im ersten Semester an der medizinischen Fakultät verliebt sich in Milena Jesenská ihr damals schon etwas älterer Studienkollege Vladislav Vančura, der spätere große Schriftsteller der modernen tschechischen Literatur. Milena spielt launisch mit seinen Gefühlen, läßt Hoffnungen bei ihm aufkommen, dann will sie plötzlich nichts mehr von ihm hören und lehnt ihn fast brutal ab. Der verzweifelte und vor allem gedemütigte Vladislav Vančura will sich das Leben nehmen. Nur mit knapper Not gelingt es seinen Freunden, ihn davon abzubringen. Möglicherweise ist aber zu diesem Zeitpunkt schon Ernst Polak in Milenas Leben getreten. Denn in seinem Brief an Willy Haas vom 25. 1. 1916 läßt »Frl. J., die Ihrer oft gedenkt, herzlich grüßen.«[22]

Nach zwei Semestern Medizin wechselt Milena Jesenská zur Musik über. Sie ist zwar sehr musikalisch, betreibt aber auch dieses Studium nur halbherzig, ohne die notwendige Disziplin und Ausdauer. Es ist in dieser Zeit letztlich noch gar nicht üblich, daß bürgerliche Töchter sich auf einen Beruf vorbereiten. Nach dem Schulabschluß bleiben sie in der Regel zu Hause und warten auf ihren zukünftigen Mann. Auch auf den höheren Schulen, von den Hochschulen ganz zu schweigen, sind Frauen noch eine recht seltene Erscheinung. Es gibt zwar schon Vorbilder berufstätiger, wirtschaftlich unabhängiger Frauen, die Professorinnen an dem Minerva gehören dazu, doch bedarf es immer noch einer starken Motivation, um als Frau zu studieren und das Studium auch zu Ende zu bringen. Und diese Motivation hat Milena nicht. In ihrem ureigenen Element fühlt sie sich unter den Menschen auf den Straßen und in den Cafés, in Gesprächen und Diskussionen. Inzwischen haben die drei Freundinnen, Milena, Staša und Jarmila, ihre schon zur Gewohnheit gewordenen Spaziergänge über den deutschen Korso auf dem Graben bis in das bekannte Literatencafé Arco in der Hyberner Gasse ausgedehnt.

In den Kaffeehäusern spielt sich in den Jahren vor und um den I. Weltkrieg ein beträchtlicher Teil des gesellschaftlichen Lebens ab. Fast jede Berufsgruppe hat ihr Café, in dem sie sich trifft. Es gibt Cafés der Spediteure, sowie der Börsenmakler, der Ärzte oder der Theaterleute. Eine oder mehrere Tassen Kaffee, eine oft beträchtliche Auswahl an Tageszeitungen und Zeitschriften – im Prager Café Continental auf dem Graben wurden zum Beispiel 250 verschiedene Zeitschriften in allen Weltsprachen ausgelegt – und ein neutraler Boden zum Gespräch, das waren die drei Dinge, die ein Kaffeehaus seinen Besuchern bot und die diese auch zu schätzen wußten.

Eine besondere Stellung unter den Kaffeehäusern nahmen die Künstler- und Literaturcafés ein, die vielfach Treffpunkte der geistigen Eliten ihrer Zeit waren. Zu diesen Cafés, die später in die Kulturgeschichte Europas eingingen, gehörte auch das Prager Café Arco. Es war kein Zufall, daß die jungen jüdischen Intellektuellen und Literaten um Max Brod und Franz Werfel das etwas abgelegene Café gegenüber dem heutigen Masaryk Bahnhof zu ihrem Domizil wählten: Es lag abseits vom Graben und dem Wenzelsplatz, den Kulminationspunkten deutsch-tschechischer Zwistigkeiten. Im Unterschied zu vielen Prager Deutschen stehen diese jungen jüdischen Literaten dem tschechischen Leben in der Stadt keineswegs ablehnend gegenüber. In der deutschen Kultur fest beheimatet, sind sie aufgeschlossen für alles, was in der tschechischen Kunst und Literatur geschieht. Die meisten von ihnen, und auch da liegt der Unterschied zu der Generation ihrer Väter, beherrschen beide Landessprachen. Von Oberkellner Poschta mit den wichtigsten expressionistischen Zeitschriften versorgt, der wohlhabende Franz Werfel ist an der Finanzierung beteiligt, treffen hier nach und nach fast alle zusammen, die als Kinder jüdischer Eltern in den Jahren 1883 bis 1896 meistens in Prag geboren wurden oder hier großgeworden sind und mit der Literatur etwas im Sinne haben: Max Brod, Willy Haas, Johannes Urzidil, Franz Kafka, Paul Kornfeld, Oskar Baum, Otto Pick, Rudolf Fuchs, Ernst Polak*, Franz Werfel und viele andere.

Mit einem Schlag über Prag hinaus bekannt wurde das Café Arco, als einer seiner »Insassen«, wie man sich untereinander zu bezeichnen pflegte, Franz Werfel, 1911 mit der Lyriksammlung »Der Weltfreund« debütierte. Neben dem für alle sichtbaren Stern, Franz Werfel, hatten aber die »Arconauten«, wie man sie spöttisch nannte, noch ihren geheimen Stern, den damals noch völlig unbekannten Angestellten der Prager Versicherungsanstalt, Franz Kafka, der zwar zu dem Kreis gehörte, aber im Arco kein täglicher Gast war.

Die Literaturrunde im Arco lebte – wie alle anderen ähnlichen Gesellschaften auch – nicht nur von ihren »Solisten«, sondern auch von den »Komparsen», der Gruppe der Begleiter, die, in der Regel etwas jünger als die Hauptakteure, sich eher passiv an dem Geschehen beteiligten, aber die Gespräche und Diskussionen schon durch ihre Anwesenheit stimulierten, vor allem wenn sie weiblichen Geschlechts waren. Diese Rolle kam in dieser Zeit auch Milena Jesenská und ihren Freundinnen Staša Procházková und Jarmila Ambrožová zu. Sie gehörten zu den Jüngsten am Tisch der »Arconauten«.

Als die drei regelmäßige Besucherinnen des Cafés werden, ist der Kreis der Literaten bereits stark dezimiert. Einige »Arconauten« wurden zum Kriegsdienst eingezogen, Franz Werfel und Willy Haas haben Prag aus beruflichen Gründen schon um 1912 verlassen und kommen nur, wenn sie in Prag zu

*Oft auch »Pollak«; beide Schreibweisen des Namens kommen auch in Dokumenten vor. Ab 1938 schreibt sich E. P. immer nur »Polak«.

Ernst Polak 1913

Besuch sind, Max Brod, der frühere spiritus agens des Kreises, hat sich dem Zionismus zugewandt und sich von seinen früheren Freunden etwas zurückgezogen. In dieser Situation wird zur beherrschenden Gestalt der Runde Ernst Polak, Bankangestellter von Beruf, Literat aus Berufung; ein eher unscheinbarer Mensch, klein und schmächtig, aber mit einer Ausstrahlung, der sich kaum jemand entziehen kann. Im Unterschied zu seinen besten Freunden Willy Haas und Franz Werfel und den meisten anderen »Arconauten« ist Ernst Polak kein Prager. Er verbrachte seine Kindheit in der Kleinstadt Jičín, dem Geburtsort von Karl Kraus, von wo aus seine Eltern mit ihren vier Kindern, dem elfjährigen Ernst und seinen drei

Schwestern, im Jahre 1897 nach Prag übersiedelten. Im Unterschied zu seinen Freunden absolvierte er auch kein Gymnasium, sondern, nach den unteren Gymnasialklassen, eine Handelsschule. Der Mangel an klassischer Bildung, den er gegenüber seinen Freunden empfand, war für ihn eine starke Motivation, durch intensives Selbststudium dieses Handicap auszugleichen. Seine profunden Kentnisse in der Literatur und Philosophie machten ihn zu einem unschlagbaren Diskussionspartner und einer geschätzten Autorität in Sachen Literatur sowohl im Café Arco in Prag als auch später im Herrenhof in Wien.

Wurde Ernst Polak mit diesem »Komplex« verhältnismäßig leicht fertig, werden ihn zwei andere sein Leben lang belasten, nämlich seine Unfähigkeit zu schreiben und sein geringes Selbstwertgefühl, das manchmal in Selbsthaß umschlägt und durch Arroganz überspielt wird. Möglicherweise sind es gerade sein scharfes literarisches Urteilsvermögen und die hohen Maßstäbe, die er an die Literatur anlegt, die für ihn das eigene Schreiben unmöglich machen. Daß der glänzende Debattierer und Intellektuelle unter einer unüberwindbaren Schreibhemmung leidet, ist auch für seine Freunde unerklärlich. Das Problem wird selbst zum Thema. In vielen Briefen wird es immer wieder angesprochen und nach Erklärungen gesucht. Ein »Literat ohne Werk«[23] neben den produktiven und überproduktiven Freunden zu sein, ist sicherlich kein leichtes Los. Später wird Ernst Polak als Literaturkritiker, Berater und Lektor seiner Freunde einen gewissen Ausgleich dafür finden. Manche Werke Hermann Brochs und Franz Werfels tragen auch seine Handschrift.

Das geringe Selbstwertgefühl Polaks schlägt sich in seiner unendlichen, ja, unersättlichen Liebesbedürftigkeit nieder. Seine zahlreichen Liebschaften und Frauengeschichten sind kein Zeichen sexueller Besessenheit, sondern eines Bedürfnisses nach Selbstbestätigung, die nur durch Zuwendung erreicht werden kann.

Es ist gewissermaßen eine Ironie, daß Ernst Polak, der kein literarisches Werk hinterließ, selbst sogar mehrmals zur literarischen Figur wurde: in der magischen Operette *Literatur oder Man wird doch da sehn* von Karl Kraus, in Kafkas *Schloß* und in Heimito von Doderers Roman *Die Strudlhofstiege.* Sein Portrait hier, natürlich am Kaffeehaustisch, ist besonders aufschlußreich:

> Die mandelförmigen Augen mit dem leicht gelblichen Stich im Weißen des Augapfels, der einzelne Fleckchen zeigte, immer ein wenig zu feucht, als sei er am Weinen, sahen schräg seitwärts auf die rötliche Marmorplatte des Tischchens, neben die geleerte Kaffeetasse. In seiner Haltung, besonders der des Kopfes, in seinen Bewegungen der kleinen, aber nervigen Hände war mitunter etwas charmant Irrsinniges (...) Hätte man ihn als Tier auffassen und karikieren wollen: dann wäre hier in der gepolsterten Ecke ein männliches Eichhörnchen, ein Eichkater gesessen, statt der Zigarette eine Nuß in den eilfertigen Vorderpfötchen drehend (...) Man könnte diesen E. P. auf ein groteskes Bild reduzieren: ein weiches Herz mit scharfen Zähnchen. Er war nicht ganz harmlos.[24]

In der Zeit des Einzugs Milena Jesenskás und ihrer zwei Freundinnen in das Café Arco wird Ernst Polak oft mit der Medizinstudentin Amalie Kreidlová, einer ehemaligen Minervistin, bei Konzerten im Rudolfinum gesehen, beide über eine gemeinsame Partitur gebeugt. Auch die Musikstudentin Milena Jesenská besucht die Konzerte mit einer Partitur in der Hand. Es dauert nicht lange, bis Milena Jesenská und Ernst Polak, die sich wohl schon aus dem Arco flüchtig kennen, beim Partiturenlesen zusammenfinden.

Da ist sie plötzlich, die große, den ganzen Menschen durchdringende Liebe, nach der sich Milena Jesenská schon so lange gesehnt hat. Die Liebe, die dem Menschen Flügel verleiht und ihn befreit, wie das moderne Ideal es will. Endlich hat Milena das Objekt ihrer Zuwendung gefunden. Die Liebe zu Ernst Polak wird für sie zu einer Ganztagsbeschäftigung. Endlich kann sie ihr Bedürfnis zu geben voll entfalten.

Ständig überlegt sie, womit sie Ernst Polak eine Freude machen, was sie für ihn tun könnte. Sie überschüttet ihn buchstäblich mit ihrer Liebe und macht ihm auch teure Geschenke. Einmal, vielleicht sogar mehrmals, verwandelt sie seine kleine Wohnung am Moldaukai gegenüber der Sophieninsel in einen Blumengarten – mit Blumen allerdings, die sie in öffentlichen Parks und privaten Gärten gepflückt hat. In der geschmückten Wohnung trifft sich häufig der Freundeskreis, man diskutiert und musiziert.

Der zehn Jahre ältere, erfahrenere Ernst Polak verfolgt mit einigem Erstaunen die seiner Person geltenden Liebesbeweise. Polak genießt die Zuwendung Milenas, er bewundert ihren Charme, ihre Klugheit, ihre Spontaneität, auch ihr Nichtjudentum. Dieser Überschwang an Liebe macht ihn allerdings auch etwas ratlos. Die Liebe hat in seinem Leben einen anderen Stellenwert. Für Milena Jesenská ist die Liebe das Leben selbst, für Ernst Polak ist das eigentliche Leben die Literatur, die Liebe nur eine Begleiterscheinung des Lebens. Milena liebt, und die Liebe verleiht ihr Flügel, sie überstrahlt ihr ganzes Leben und gibt ihm Sinn. Ernst Polak ist verliebt. Er kann sicherlich für eine Frau den Kopf verlieren, er kann trauern, unter der Liebe leiden, aber ein so tiefgreifendes Erlebnis wie für Milena ist für ihn die Liebe nicht. Er ist inzwischen daran gewöhnt, bei Frauen Erfolg zu haben, er braucht ihn auch, um sein Selbstwertgefühl zu festigen. Er ist eben liebesbedürftig, aber nicht liebesfähig. Das ist der Unterschied zu Milena.

Es wäre allerdings ein Irrtum zu denken, daß Milena Jesenská sich in ihrer Liebe Ernst Polak unterwirft, von ihm abhängig wird. Sie achtet ihn, ist fasziniert von seiner Intellektualität, aber sie bleibt nach wie vor ein freier Mensch. Sie gehört auch nicht zu den Frauen, die ihre Aufgabe darin sehen, ihren Geliebten zu verändern. Sie ist stark genug, den anderen so zu nehmen, wie er ist. Sie kann die Andersartigkeit eines nahen Menschen ertragen. Wenn man sie länger beobachtet, kann man sich allerdings des Eindrucks nicht ganz erwehren, daß sie auch ihre Liebe zu Ernst Polak liebt.

Sicher, sie versteht die Liebe als ein gegenseitiges Geben und Nehmen. Aber wo die Zuwendung des anderen spärlich ausfällt, kann sie das Nehmen durch noch mehr Geben ersetzen, ohne daß ihr etwas fehlt.

Als Professor Jesenský von der Beziehung seiner Tochter zu Ernst Polak erfährt, gerät er außer sich. Es war auch nicht anders zu erwarten, und Milena wußte es genau. Ihre Liebe zu Ernst war doch auch ein Stück Revolte gegen die tschechisch-nationale Welt des Vaters. Für Jan Jesenský ist es unvorstellbar, daß seine Tochter einen Deutschen, dazu noch einen Juden heiraten und mit ihm Kinder haben könnte. Er verbietet der noch Minderjährigen* die Beziehung, er beschwört sie, er droht. Vergeblich. Sich dem Willen des Vaters zu beugen, zu gehorchen, dafür ist ihm Milena viel zu ähnlich. Sie verfügt über einen genauso starken Willen wie er. Im Sommer 1916 schickt er sie mit ihrer Freundin Jarmila in sein Feriendomizil, das tschechische Hotel Prokop auf dem Spitzberg, Špičák im Böhmerwald, um sie von Ernst Polak zu trennen. Zur gleichen Zeit bezieht Ernst Polak ein Zimmer in dem benachbarten deutschen Konkurrenzunternehmen Rixi, um in Milenas Nähe zu bleiben.

Ferien auf dem Spitzberg verbringt in diesem Sommer auch

*Die Volljährigkeit erreichte man damals erst mit 21.

Wilma Löwenbach. Sie hilft ihrem Mann, dem Publizisten Jan Löwenbach, bei der Vorbereitung der Auswahl moderner tschechischer Lyrik, die Franz Pfemfert in der Zeitschrift *Die Aktion* herausbringen will. Milena und Ernst gesellen sich nun zu ihnen und beteiligen sich an der Arbeit, Polak sogar als Übersetzer. Wilma Löwenbach wird eine verständnisvolle Zeugin ihrer Liebe und Milenas langjährige Freundin.

Milenas Verhalten und ihre Beziehung zu Ernst Polak bleiben natürlich nicht verborgen vor der Prager Gesellschaft: Was hat bloß Milena mit dem kleinen Jud? ... Die Tochter aus einem gutem Hause und sie klaut ... und nicht nur Blumen in öffentlichen Anlagen ... In einem Geschäft hat man sie ... Kleptomanie? ... In Kleidern ist sie über die Moldau geschwommen, um ein Rendezvous mit diesem Polak nicht zu verpassen ... Sie nimmt Drogen ... Einen Selbstmordversuch hat sie unternommen ... mit Morphium aus der Praxis des Vaters ... Auf einem Wechsel soll sie die Unterschrift gefälscht haben ... Der arme Professor Jesenský ...

Das entfernte Echo dieses Klatsches, in Prager Familien von einer Generation auf die andere übertragen, erreicht bis heute jeden, der sich mit Milena Jesenská beschäftigt. Was an diesen Geschichten wahr und unwahr ist, wird man wohl mit letzter Sicherheit nicht mehr erfahren können. Tratsch, Empörung, Bewunderung und Schadenfreude sind hier fest verwoben.

Sicher ist, daß sich Milena Jesenská mit ihrem Handeln und Verhalten über alle Konventionen und Normen hinwegsetzt. Sicher ist aber auch, daß sie strenger beurteilt und verurteilt wird als etwa ein junger Mann mit gleichem Lebenswandel. Denn so unüblich, wenn auch schwer zu verstehen, sind solche Sturm-und-Drang-Zeiten bei Jugendlichen an der Schwelle des Erwachsenseins nicht. Neu ist nur, daß hier eine junge Frau so wild aufbegehrt und sich über alle Normen und Gewohnheiten hinwegsetzt.

Fast neun Jahre später wird Milena Jesenská in einem Brief an Jaroslava Vondráčková, genannt Slávka, folgende Zeilen schreiben, als wollte sie nachträglich eine Erklärung zu ihrer chaotischen Zeit abgeben:

> Ich weiß immer noch nicht, was das ist, Ehrlichkeit und Treue und Pflicht, und ob es überhaupt eine Pflicht gibt. Wenn ich nach meinem Dafürhalten leben würde, und nicht danach, wie ich weiß, daß ich leben soll, würde ich vielleicht irgendwo dort landen, wo man es als »unten« bezeichnet. Aber dann bin ich wieder so ein Mensch, daß ich zwischen Pflicht und Ehrlichkeit unterscheide, obwohl ich über Konventionen lache.[25]

Im Spätherbst 1916 spitzt sich der Konflikt zwischen Vater und Tochter immer weiter zu. Mit der ganzen Wucht seiner Persönlichkeit versucht Professor Jesenský, seine Tochter »von dem Juden« abzubringen. Milena fürchtet sich zwar vor dem Vater, aber diese Angst verstärkt nur ihre Revolte. Ernst Polak bittet Professor Jesenský um eine Unterredung und wird beleidigt und abgelehnt. Darüber und auch über eine Krise in der Beziehung zu Milena schreibt er am 19. November 1916 an seinen Freund Willy Haas. Seine eigene Bedrängnis und seine Sorge um Milena sind in seinem Schreiben deutlich spürbar:

> Daß Sie mit M. J. korrespondieren, wußte ich, auch ungefähr die Bahnen und Motive dieses Briefwechsels. (...)
> Ich war verletzt, öffentlich, nach offizieller Aussprache mit dem Vater, formaler Regulierung alles Notwendigen – wir hatten sogar eine Wohnung aufgenommen – diese Verbindung habe ich gelöst – in durchaus ehrenhafter Weise – nach einer furchtbaren Krise. Meine Beziehungen zu M. haben sich ganz verändert – sind heute äußerlich viel loser – mein

und ihr Leben unter ganz anderen Bedingungen. M. leidet Unsagbares und mir gehts sehr schlecht. Was wird, weiß ich nicht, jetzt kann ich nicht heiraten. Fragen Sie bitte nicht, was geschehen ist. (...)
Wenn es Ihre Korrespondenz mit M. ... ergeben sollte und Sie etwas Gutes tun wollen, bekräftigen Sie die Hoffnung eines Zurückfindens, von der einzig ihr Leben sich erhält, das ich selbst dreimal vom Selbstmord zurückgerissen habe. Es waren die entsetzlichsten Dinge – und glauben Sie nicht, daß Entscheidungen nur von mir abhingen und nur in meinen Zuständen und inneren Fatalitäten Grund hätten. (...)

Am Ende des Briefes, fügt er, wie im Ausbruch der Verzweiflung, hinzu: »Eine Hoffnung die besteht, denn mein Gefühl für sie ist nicht schwächer.«

War die Beziehung zwischen Milena Jesenská, Ernst Polak und Professor Jesenský schon schwierig und kompliziert genug, wird die Situation sehr ernst, als Milena im Frühjahr 1917 feststellt, daß sie von Ernst ein Kind erwartet. Eine Katastrophe zeichnet sich ab. In höchster Not, Panik und Angst versucht Milena das Kind abzutreiben. Ob sie eine Hebamme oder einen Arzt aufsuchte, oder sich selbst helfen wollte, wissen wir nicht. Sicher scheint nur, daß Professor Jesenský im letzten Augenblick dazu kam und Milena vor dem Verbluten rettete. Und in dieser Situation soll er sich plötzlich wie ein liebender fürsorglicher Vater verhalten.[26]

Die Versöhnung, falls es sie gab, währt nicht sehr lange. »Es ist zu einer Katastrophe gekommen«, schreibt am 20. Juni 1917 Ernst Polak an Willy Haas. Und setzt fort:

Man hat vieles erfahren, was in den 2 Jahren geschehen ist. Darauf der erwartete Zusammenbruch. Ich habe Prof. J. auf Pistolen gefordert. Auf seine »inoffizielle« Äußerung, daß er sich mit mir nicht schlage, habe ich die Forderung kühl

und korrekt zurückgezogen und ihm schriftlich mitgeteilt, daß meine eingehend eingeweihten Vertreter (Dr. Paul Kisch und Graf Max Thun) jederzeit bereit sind, die Angelegenheit in die gebührenden Wege zu leiten. Jetzt wart ich ab, was geschieht.
Prof. J., der selbstverständlich auf Säbel bestehen würde, wäre für mich ein furchtbarer Gegner.
Darauf: heute früh ist M. mit einem Auto mit Gewalt ins Sanatorium Veleslavín geschafft worden, bis sie ihr Wort gibt, mit mir nie mehr zu sprechen. Was Sanatorium bedeutet, wissen Sie; früher sagte man Kloster oder Gefängnis.
Ich weiß nicht, was zu tun ist. Vorläufig habe ich hinterlassene Schulden M.s zu ordnen – ungefähr 1500 K, ein unerreichbares Vermögen.
Ich habe (vorher!) natürlich erklärt, daß ich nur die Einwilligung des Vaters brauche, um M. zu heiraten, die ich auf der Stelle, so wie alles ist, aus dem Haus nehmen will. Darauf ein glattes Nein.
Auch Staša wird in Libšic gefangengehalten. Alles wird untersucht und aufgedeckt. Was jetzt weiter geschieht, weiß ich nicht.

In dem Sanatorium Veleslavín, wohin Milena auf Geheiß des Vaters und unter Anwendung von Gewalt gebracht wird, wird ihr »krankhaftes Fehlen moralischer Begriffe und Gefühle« attestiert. Ob nun die Schwangerschaft Professor Jesenský den letzten Anstoß zu der brutalen, cholerischen Tat gab oder auch die Schulden, gefälschte Unterschriften auf Wechseln und anderes dabei eine Rolle spielten, ist heute schwer zu sagen. Man muß bedenken, daß Milena ihrem Vater auch einiges zumutete. Für ihre Eskapaden, die sich oft außerhalb des Legalen bewegten, mußte letztlich er aufkommen.

Nach dem anfänglichen Schock versucht Milena sich in der

Anstalt zurechtzufinden. Sie ist sicherlich verzweifelt, aber es ist nicht ihre Art, sich der Situation passiv hinzugeben. Es mobilisiert eher ihre Kraft. Sehr schnell gelingt es ihr, das Vertrauen der Sozialschwester Anna Schulhofová zu gewinnen. Milenas persönlicher Charme hat wieder einmal Wunder gewirkt. Denn schon am 23. Juni berichtet Ernst Polak an Willy Haas, daß er in den nächsten Tagen mit ihr in Verbindung kommen wird, und am 26. läßt Milena Haas schon grüßen. Trotz dieser kleinen Lichtblicke ist die ganze Situation schwer und kompliziert genug:

> Es muß ganz ernst gehandelt werden – vielleicht muß man zu Gericht. Vorläufig weiß ich zu wenig. Es ist ganz furchtbar. Jeder Schritt ist so schwierig und verwickelt, daß es kaum zu sagen ist. Ich habe tausend Dinge zu tun!
>
> *(23. Juni 1917)*

Offensichtlich will Professor Jesenský Milena entmündigen. Dazu hat er aber nicht viel Zeit, denn am 10. August wird Milena volljährig und damit verliert er seine Verfügungsgewalt über sie. Ernst Polak macht in dieser dramatischen Situation, die so offensichtlich seine Kräfte überfordert, eine erstaunlich gute Figur, die das negative Bild von ihm, wie man es sowohl von Margarete Buber-Neumann als auch von Jana Černá kennt, als korrekturbedürftig erscheinen läßt. Er steht Milena bei und ist bereit, Verantwortung zu übernehmen:

> (...) vielen Dank für Ihren Brief und Ihre Hilfsbereitschaft. Vorläufig ist nichts nötig. Ich habe eine größere Summe so gut wie sicher. Wir werden über alles sprechen können, schreiben kann ich das meiste nicht. Daß jetzt, was Schulden betrifft, alles herauskommen muß, ist ja klar. Die weiteren Schritte sind unsicher, die Situation höchst unklar und zweifelhaft. Was ich in den letzten Tagen über die Wirk-

Milena Jesenská 1917

lichkeit gelernt habe – und nebenbei Psychiatrie, Gesetz, Menschen, Beziehungen – nicht zum wenigsten über mich, ist erschreckend. Wenn ich früher 40 war – bin ich jetzt 60. Ich freue mich, mit Ihnen sprechen zu können, denn ich habe es – außer mit M. – mit lauter Weibern zu tun. M. läßt Sie herzlichst grüßen! Mehr kann ich nicht sagen. Sie ist absolut eine Gefangene! (...)
Glauben Sie mir, lieber Willy, vorausgesehen habe ich auch – aber aufzuhalten und anders zu leben war nicht.

(26. Juni 1917)

Wie es scheint, fand man mit der Zeit einen Modus vivendi auch in dieser Situation. Bald sollte Milena sogar einen

Schlüssel zum Hintertörchen besitzen, mit dem sie jederzeit das Sanatorium verlassen und Ernst besuchen konnte. Sie soll auch den Versuch unternommen haben, einer Patientin Schmuck zu entwenden. Um die Schulden zu tilgen? Und Ernst Polak soll in der frei gewordenen Zeit Zuwendung anderer Frauen gesucht haben, so daß Milenas Freundinnen vor seiner Tür Wache hielten, um es zu verhindern. Dichtung oder Wahrheit? Sicher ist, daß die Erfahrung in Veleslavín an Milena Jesenská nicht ganz spurlos vorüberging: »Nun ist die Psychiatrie eine entsetzliche Sache, wenn sie mißbraucht wird. Anomal kann alles sein, und jedes Wort ist eine neue Waffe für den Quäler«, wird sie an Max Brod schreiben.[27]

Nach einigen Monaten darf Milena Jesenská Veleslavín wieder verlassen. Der Vater gibt letztlich nach, wie schon so oft. Milena darf Ernst heiraten, sie bekommt sogar Aussteuer und Mitgift, muß aber mit ihm Prag verlassen und nach Wien ziehen. Professor Jesenský will endlich seine Ruhe haben, die letzten Monate waren auch für ihn anstrengend genug. Möglicherweise haben ihm aber auch seine beiden Schwestern Růžena und Marie, die für die Irrungen und Wirrungen der Liebe mehr Verständnis aufbringen konnten als er, gut zugeredet. Darauf könnte die Idylle hindeuten, die Jana Černá beschreibt[28]: Die beiden Verlobten durften sich vor der Hochzeit nur bei der Tante Marie Jesenská in allem Anstand treffen. Der Brief Ernst Polaks an Willy Haas vom 4. März gibt allerdings eine andere, eher düstere Atmosphäre der Zeit unmittelbar vor der Hochzeit wieder:

> (...) ich habe heute Ihre neue Adresse bekommen und will nur kurz den Inhalt eines Briefes (...) wiederholen, den ich und die Milena Ihnen vorgestern schrieben. Wir heiraten – aller Voraussicht nach am 14. – fahren sofort nach Wien. Wir Beide wären sehr froh, wenn Sie hier sein könnten –

M. würde es geradezu als ein gutes Vorzeichen betrachten, wenn Sie Trauzeuge wären. Möglicherweise wird um diese Zeit auch Werfel da sein.
Vielen Dank für Ihr sehr feines Sonett. Ich habe rasend mit »Lebensdingen« zu tun.
Sie sind der Einzige, der eingeladen wird.

Mit welchen Gefühlen heiraten wohl die beiden, die in den vergangenen Monaten so viel erlebt und erlitten haben? Franz Werfel wird später in Wien den Freunden erzählen, Ernst Polak habe Milena Jesenská geheiratet, um sie aus Veleslavín und vom Vater zu befreien, obwohl er damals schon eine andere Beziehung hatte.

2

Die Jahre in Wien

Der schwere Anfang

Mitte März 1918, gleich nach der Vermählung, verläßt das Ehepaar Polak Prag in Richtung Wien. Zeitgeschichtlich gesehen ist es bereits eine Reise in die Vergangenheit. In sieben Monaten wird es die alte k.u.k. Monarchie, die über dreihundert Jahre Generationen von Angehörigen verschiedener Nationen formte und prägte, nicht mehr geben. Ihr Erbe wird eine Reihe von Nachfolgestaaten übernehmen, darunter auch die Tschechoslowakei. Die letzte Möglichkeit also, die Metropole des Vielvölkerstaates noch in ihrem alten, wenn auch durch den Krieg arg strapazierten, Glanz zu erleben. Endzeitstimmung überall. Auch die Liebe zwischen Ernst und Milena hat ihren Zenit schon überschritten. Die letzten Monate hatten dem »weichen Herzen«, mit Heimito von Doderer gesprochen, doch zuviel abgefordert. Jemandem beizustehen, sich um jemanden kümmern, Sorge zu tragen, ist nicht Polaks Sache. Sein Herz ist eben weich, nicht stark. Früher oder später wird sein Selbsterhaltungstrieb wach. Dann beginnen die »scharfen Zähne« zu beißen. »Er war nicht ganz harmlos«, steht in der *Strudlhofstiege*.

Milena fühlt sich noch am Ziel angelangt. Sie liebt, und davon lebt sie. Und sie ist auch zehn Jahre jünger als Ernst. Doch die Ernüchterung kommt für sie schneller, als sie es für möglich gehalten hätte. Ernst läßt sie auf dem Bahnhof stehen und geht seinen anderen »Verpflichtungen« nach. Zwanzig Jahre später wird Milena Jesenská dieses Erlebnis in einem Brief an Willi Schlamm erwähnen:

> Als ich nach Wien kam, war ich ein kleines Mädel, konnte kein Wort deutsch und hatte keinen Heller. Polak ließ mich in der fremden Stadt auf dem Bahnhof alleine (...) – und ging zu seiner Geliebten. Kalmer war damals der einzige Mensch, der mir half – ohne von mir was zu wollen. Ich kann es ihm nie vergessen natürlich. Ich hatte damals niemanden auf der Welt. (Er hat mir) wenn nicht das Leben so wahrscheinlich mich vor dem Strich – gerettet.[1]

Als Milena diesen Brief schreibt, ist der Journalist Josef Kalmer, der auch später zu ihrem Freundeskreis gehört, selbst in Not. Er kommt gerade aus einem deutschen Konzentrationslager nach Prag und sucht bei ihr Hilfe.

Polak will Milena natürlich nicht verlassen. Mit seinem Verhalten auf dem Bahnhof signalisiert er nur, daß er sich nicht um sie kümmern wird und daß sie keinen Anspruch auf ihn hat. Wenn man ihn fragen würde, ob er Milena noch liebt, würde er wahrscheinlich etwas irritiert, etwas gleichgültig sagen: Aber ja doch. Bei seiner in Milenas Brief erwähnten Geliebten handelte es sich wohl um Mitzi Beer, eine etwas kapriziöse, unbedeutende Blondine, die Ernst Polak vermutlich schon in Prag kennengelernt hatte und von deren Existenz Milena wußte.

Es soll aber auch ein gemeinsames Leben von Milena und Ernst in Wien geben. Die Jungvermählten beziehen zuerst ein möbliertes Zimmer in der Nußdorfer Straße 14, zwei Monate später eine große Wohnung in der Lerchenfelderstraße, die Ernst Polak bis 1935 behält.

Für Ernst Polak ändert sich durch den Umzug nach Wien nicht viel, weder beruflich noch privat. Der Weggang aus Prag wurde ihm zwar durch die Ereignisse um Milena aufgenötigt, er wollte aber Prag sowieso verlassen, wie er schon 1915 Willy Haas schrieb. Die Erfahrungen der letzten Monate, die abschätzige Behandlung durch Professor Jesenský, haben seine

Das Haus in der Lerchenfelderstraße 113 in Wien

innere Trennung von Prag sicherlich nur beschleunigt. In Wien arbeitet er weiterhin bei der Österreichischen Landesbank, bei der er schon in Prag beschäftigt war, aber in einer besseren Position: Am 21. März 1918 tritt er hier eine Stelle als Devisenhändler an. Auch seine »zweite Existenz« als Literat kann er fortsetzen: Das Café Arco gegen das Café Central, später gegen das ein paar Häuser weiter gelegene Café Herrenhof einzutauschen, ist für Ernst Polak kein Problem, zumal hier schon sein nächster Freund Franz Werfel, im österreichischen Kriegsquartier beschäftigt, auf ihn wartet. Auch weitere Bekannte aus der Prager Runde sind da: Otto Pick und Egon Erwin Kisch. Franz Blei, Hermann Broch, Karl Kraus, Anton Kuh, Alfred Polgar und später Heimito von Doderer, für Ernst Polak keine Unbekannten, gehören zu den Stammgästen. Es ist der Kreis, der das kulturelle Leben in Wien jahrelang maßgeblich prägen wird. Auch in dieser Hinsicht hat sich also Ernst Polak »verbessert«. Den Ton, der hier in den intellektuellen Debatten gepflegt wird, beherrscht der eifrige Leser der *Fackel* und Alfred Polgars schon lange. Und das ist nicht unwichtig, wenn man sich hier behaupten will. Karl Kraus' »Bescheidwissenschaft«[2] abgeschaut, will er in einem Brief an Willy Haas nach dem »Impressionismus und Expressionismus den Depressionismus«[3] als eine neue Kunstrichtung gründen. Und auch seine berühmte Steigerung »gescheit, gescheiter, gescheitert« konnte nur im Dunst eines Literatencafés geboren werden.

Milena Jesenská dagegen verliert durch den Umzug nach Wien ihre ganze bisherige Welt. In Prag war sie trotz ihrer Jugend schon Jemand, und die Familie Jesenský gehörte zu den besten und bekanntesten in Prag. Hier in Wien ist sie nur »die junge Frau von Ernst Polak«, die ihren Mann ins Kaffeehaus begleitet. Die mangelhafte Kenntnis der deutschen Sprache, Ernst Polak und sie sprechen miteinander tschechisch, verurteilt sie hier zum Schweigen. Auch in der neuesten deutschen Literatur ist sie nicht so bewandert. Aber selbst, wenn sie perfekt deutsch sprechen würde, sie paßt einfach nicht in die Literatenrunde im Central und im Herrenhof. »Sie saß da, unter den Leuten. Sie war jung und sehr hübsch, kräftig, schön gewachsen, hatte aschblondes Haar und diesen schönen kleinen Mund. Ich dachte, was hat die da verloren. Sie sprach sehr schlecht deutsch und konnte sich an der Diskussion kaum beteiligen«, wird sich Jahre später Franz Xaver Graf Schaffgotsch an seine erste Begegnung mit Milena Jesenská erinnern.[4] Und die gleiche Meinung teilen alle, die sie im Central oder Herrenhof in diesen Jahren erlebten. Die Worte »verloren«, »fremd«, »am Rande« kommen in ihren Berichten immer wieder vor. Als Leserin von Dostojewski und Nietzsche kann Milena Jesenská die Stimmung der gepflegten Zerrissenheit und der intellektuellen Abgründigkeit, die in der Herrenhofrunde herrscht, zwar nachvollziehen, gleichzeitig hat sie aber eine geradlinige, unkompliziert bejahende Beziehung zum Leben. Sie ist extravagant, hat aber keine Komplexe, die sie durch Selbstdarstellung überspielen müßte, wie manche der Literaten, ihren eigenen Mann eingeschlossen. Die Intellektualität ist für sie ein Bestandteil des Lebens, nicht sein Ersatz; die Literatur ein Mittel zur Erkenntnis des Menschen, kein Selbstzweck. Zwei Stunden Leben sind für sie – auch im Unterschied zu Franz Kafka[5] – doch mehr als zwei Seiten Schrift. Für die Repräsentanten der »Spätkultur« im Central und im Herrenhof ist sie zu gesund, zu ungebrochen, zu ursprünglich vital. Das heißt aber: Mitunter nimmt sie sich hier recht unbeholfen aus.

Es mag überraschen, daß Schaffgotsch in seiner Erinnerung an Milena im Jahre 1920 ihr schlechtes Deutsch erwähnt, obwohl sie schon in dieser Zeit recht schwierige Texte aus dem Deutschen übersetzte. Auch ihre Feuilletons über das Wiener Milieu setzen Kenntnisse der deutschen Sprache voraus. Ähnlich äußert sich, was Milenas Deutsch anbelangt, aber auch Gina Kaus. Es stellt sich die Frage, ob hier eigentlich nicht etwas anderes gemeint ist: Milena beherrscht den Ton nicht, in dem in der intellektuellen Kaffeehausrunde geistreich parliert wird.

Mit dem Verlust des Rahmens, in dem Milena in Prag glänzte, hat sie auch einen Teil ihrer Anziehungskraft für Ernst Polak verloren. Hier kann er mit ihr nicht angeben, wenn auch Emil Szittya, ungenau zutreffend über ihn schreibt: »Besonders imponierte in Künstlerkreisen, daß er die Tochter eines bekannten Prager Universitätsprofessors entführt und geheiratet hatte.«[6] In Wien bedeutet ein Prager Universitätsprofessor nicht viel, hier gelten andere Hierarchien. Auch der Vergleich mit den anderen Frauen in dem Kreis, wie der aparten Ea von Allesch oder Gina Kaus, fällt für Milena nicht günstig aus. Sie ist herber, nicht so gefällig und geschmeidig wie die Wienerinnen. In der neuen Umgebung wirkt sie etwas provinziell. Ab und zu schämt sich Ernst Polak fast seiner Frau, deren Art ihm in Prag so wunderbar erschien. Dies alles, auch ihre eigene Unbeholfenheit, entgeht Milena natürlich nicht. Am Anfang empfindet sie ihr Leben in Wien oft als Demütigung.

Es wäre allerdings ein Irrtum, sich Milena Jesenská im Literatenkreis im Central und später im Herrenhof nur unglücklich vorzustellen. Genauso stark fühlt sie sich von ihm auch angezogen. Sie merkt sehr schnell, wie viele Anregungen sie hier empfängt. Sie ist auch zu sehr eine Intellektuelle, um nicht von der Brillanz der Diskussionen, der Lust am Formulieren und der Intensität des Gedankenaustauschs fasziniert zu sein. Sie lernt. »Wißbegierig war sie«, »neugierig«, »wie ein Schwamm nahm sie alles auf«, berichten alle, die sie hier erlebten. Die Atmosphäre in dem Kreis, in dem Literatur und Kunst zu einer Lebensform wurden, bleibt nicht ohne Einfluß auf ihren späteren Werdegang als Journalistin und Übersetzerin.

Sie sucht auch einen Ausgleich für all das Unangenehme, das ihr in der Kaffeehausrunde widerfährt. Und findet ihn auf den

Straßen Wiens, im Wien der kleinen Leute, der Kutscher, der Postboten, der Dienstmädchen. Dieses Wien, seine Volksseele, wird ihr ans Herz wachsen, und in diesem Milieu wird sie später oft auch die Themen ihrer Feuilletons finden.

Mag der Geist wenigstens zeitweise zufrieden sein, die Seele ist es, die leidet. Das hat aber mit Ernst Polak zu tun, weniger mit dem Kreis im Central.

Was hat sich Milena Jesenská von der Ehe mit ihm versprochen? Wohl kaum das ewige Sitzen im Kaffeehaus. Auch wenn sie sich selbst zur Boheme zählte, so war für sie mit der Ehe doch auch die Vorstellung irgendeiner Art von Familienleben verbunden. »In mir aber ist eine unbezwingbare Sehnsucht, ja eine rasende Sehnsucht nach einem ganz anderen Leben, als ich es führe und als ich es wohl je führen werde, nach einem Leben mit einem Kinde, nach einem Leben, das der Erde sehr nahe wäre«[7], wird sie etwas später im Zusammenhang mit ihrer Beziehung zu Franz Kafka an Max Brod schreiben.

Ernst Polak bleibt aber auch nach seiner Heirat – mit Kafka gesprochen – ein »lediger Mann«. Er lebt nach wie vor sein eigenes Leben und hat kein Verständnis für die Anpassungsschwierigkeiten seiner Frau in dem neuen, fremden Milieu. Wäre sie eine Romanfigur, würde er sich stundenlang mit ihr und ihren Problemen beschäftigen. Mit einem lebendigen Menschen jedoch weiß er nichts anzufangen. Er ist selbst nicht stabil genug, um dem anderen ausreichend Zärtlichkeit und auch Halt zu geben. Man kann vielleicht neben ihm ganz gut leben, man kann mit ihm allerdings keine Gemeinschaft bilden.

Das Schlimmste für Milena Jesenská ist aber zweifellos, daß er neben ihr ständig andere Frauen hat. Ernst Polak hat zwar seine polygamen Neigungen vor ihr nie verheimlicht, sie wußte also schon, bevor sie ihn heiratete, worauf sie sich einläßt. Es zu wissen und damit leben zu müssen, sind allerdings zwei verschiedene Dinge. Milena macht keinen Hehl aus ihrer Eifersucht und ihrem Leiden. »Wir behandelten sie wie eine Kranke«, schreibt Gina Kaus.[8]

Im Kreis der Literaten im Café Herrenhof ist die Promiskuität eine Art Weltanschauung. Man demonstriert damit, daß man mit den bürgerlichen Konventionen gebrochen hat. Milena Jesenská ist zwar nicht prüde, die Liebe bedeutet für sie aber etwas ganz anderes. Sexuelle Libertinage als Weltanschauung, als Programm? Nein. In ihrer Äußerung Margarete Buber-Neumann gegenüber[9], man kenne den anderen Menschen nicht, wenn man ihn nicht auch körperlich geliebt hat, ist zwar ein entferntes Echo der Ansichten des Psychiaters und Freud-Schülers Otto Groß zu hören, der mit seiner Lehre vom neuen Matriarchat und dem Verständnis der physischen Liebe als der ursprünglichen Kommunikation zwischen Mann und Frau auf den Kreis im Herrenhof großen Einfluß hatte. Nur setzt Milena die Akzente anders. Erweckt ein Mann ihre intellektuelle Neugierde, ihr Interesse, gehört für sie als die letzte Stufe der gegenseitigen Annäherung dazu, ihn auch als Liebenden zu erkennen. Sexualität ist für sie aber kein Selbstzweck.

Milena Jesenská versucht, ihrem Mann gegenüber großzügig zu sein, die offene Ehe zu bejahen und ihr Leiden zu verbergen. Sie akzeptiert sogar zeitweilig das Leben zu dritt in der gleichen Wohnung. Sie versucht auch, es ihm gleichzutun. Als sich zwischen ihr und Hermann Broch ein Liebesverhältnis zu entwickeln beginnt, getarnt als Tschechischunterricht, ist es jedoch Ernst Polak, der dagegen protestiert.[10] Eine ganze Nacht lang versucht er Milena zu überzeugen, daß Hermann Broch sie nicht genug liebe und sie ihm, Polak, viel mehr bedeute, als sie je ihrem neuen Geliebten bedeuten könnte. Und er bittet schließlich seinen Freund, das Verhältnis zu beenden. Ernst liebt sie also doch, freut sich Milena.

Die politischen Ereignisse haben inzwischen auch die Wiener Literaturszene überrollt: Im Oktober 1918 kommt mit dem Ende des Krieges auch der Zusammenbruch Österreichs. Die zahlreichen Massenkundgebungen und Demonstrationen, die manche aus der Runde durch die Fensterscheiben des Cafés verfolgen, manche auf der Straße miterleben – Franz Werfel und Egon Erwin Kisch werden für ein paar Tage zu richtigen Revolutionären –, versetzen auch Milena Jesenská in gehobene Stimmung. Sie hat auch einen Grund dazu: Aus den Trümmern der Donaumonarchie entsteht eine Reihe von Nachfolgestaaten, darunter auch die Tschechoslowakische Republik. Je fremder sich Milena in Wien und dem Literatenkreis fühlt, desto stärker identifiziert sie sich jetzt mit dem neuen Staat, mit dem tschechischen Volk.

Die Schriftstellerin Gina Kaus, eine der wenigen Frauen in der Literatenrunde und eine Fast-Freundin Milenas in dieser Zeit, erlebte sie in diesen bewegten Tagen:

> Ich begleitete Milena. Sie war in äußerst gehobener Stimmung, suchte es aber zu verbergen. Ich sagte: »Tu dir keinen Zwang an. Sei nicht höflich. Ich habe gar kein Gefühl für Nationalität. Ich will in einem Staat leben, dessen Verfassung mir zusagt, aber es ist mir ganz gleichgültig, ob er groß oder klein ist.«
> »Du warst nie unterdrückt«, sagte sie.[11]

Die unterschiedlichen Erfahrungen bringen an diesem Tag die beiden Fast-Freundinnen beinahe auseinander. Während Gina Kaus die marschierenden Arbeiter nur beobachtet, identifiziert sich Milena mit den demonstrierenden Massen. Die Erfahrung der nationalen Diskriminierung schafft nicht nur Solidarität, sondern auch Verständnis für den revolutionären Ausbruch, für alles, was sich jetzt in den Köpfen der Arbeiter an Hoffnungen und Illusionen abspielt. Und diese Erfahrungen sind nicht zu vermitteln. Die vielen Gespräche im Hause Jesenský werden in diesem Augenblick wieder lebendig. Als

Milena von Gina verlangt, nicht »böhmisch«, sondern »tschechisch« zu sagen, reagiert die intellektuelle Freundin wenig intellektuell: »›Leck mich am Arsch‹, sagte ich und ließ sie stehen.«

Milena persönlich bringt die neue Situation allerdings nur Schwierigkeiten. Die Grenze zwischen der Tschechoslowakei und Österreich wird zeitweilig geschlossen, der Verkehr zwischen den beiden Staaten eingeschränkt, das Geld darf nicht transferiert werden, und mitunter werden auch keine Pakete befördert. Gerade die hätte Milena aber in der ersten Zeit nach dem Zusammenbruch Österreichs dringend gebraucht. Denn während die Situation in der neu gegründeten Tschechoslowakei sich verhältnismäßig schnell normalisiert, bleiben die Verhältnisse in Österreich und Wien noch lange unstabil. Inflation und Hungersnot nehmen von Tag zu Tag schlimmere Formen an. Ein paar Monate später, in ihrem ersten Artikel, wird Milena Jesenská darüber schreiben:

> Es gibt kein Brennmaterial, keine Kohle, kein Holz, keinen Koks. Die Züge fahren im ganzen Land nicht, die Fabriken stehen jeden Augenblick still, die Geschäfte schließen um fünf Uhr, in den Restaurants und Kaffeehäusern brennt ab acht Uhr ein flackerndes Karbidlämpchen. Bald soll der elektrische Strom für den privaten Verbrauch gesperrt werden, so daß wir mit Kerzen leuchten müssen, die nicht zu haben sind! Zum Heizen gibt es nichts, zum Essen gibt es nichts. Tausende gehen täglich in den Wienerwald nach Holz und bringen nasse Äste heim, die im Ofen wortwörtlich kochen und natürlich keine Wärme geben.[12]

Zu all den Schwierigkeiten, die Milena in Wien bisher schon hatte, gesellen sich jetzt auch handfeste materielle. Die Mitgift ist schnell verbraucht, rechnen und sparen konnte Milena nie, die Aussteuer hat sie versetzt oder verkauft. Von Ernst Polak bekommt sie kein Geld. Nach einem Teil der Quellen hat auch er in dieser Zeit finanzielle Schwierigkeiten, weil sein Gehalt mit der galoppierenden Inflation nicht Schritt halten kann. Nach anderen Quellen lehnt er es ab, Milena zu unterhalten, nicht zuletzt auch deshalb, weil er ihre Verschwendungssucht viel zu gut kennt. Offen ist auch, was aus den hohen Schulden Milenas in Prag wurde. Es steht jedenfalls fest, daß Milena in den ersten Jahren in Wien wirklich Not leidet und nach Verdienstmöglichkeiten Ausschau hält. Zum ersten Mal im Leben muß sie für sich selbst aufkommen. Sie gibt eine Anzeige auf, in der sie Tschechischunterricht anbietet, und sie bekommt einige Antworten. Als Tschechisch-Lehrerin erfreut sie sich großer Beliebtheit bei ihren Schülerinnen. Sie gibt auch Unterricht an den tschechischen Schulen in Wien, zeitweilig arbeitet sie als Übersetzerin ins Tschechische bei Sigmund Freud. Und weil das alles nicht reicht, schleppt sie Koffer auf den Wiener Bahnhöfen.

Das unruhige Jahr 1918 bringt auch eine kleine Änderung in der Wiener Kaffeehausszene. Nachdem in den letzten Monaten des Krieges das Café Herrenhof eröffnet worden war, wurden viele der Wiener Literaten zuerst »zweihäusig«. Sie verkehren sowohl in dem traditionsreichen Central als auch in dem nur ein paar Häuser entfernten Herrenhof. In den Tagen des Zusammenbruchs der Monarchie zieht aber nach den Worten von Anton Kuh »alles, was politisch oder revolutionär gesinnt war«[13], ins Café Herrenhof. So ist das Café Herrenhof zu *dem* Literatencafé Wiens der zwanziger und dreißiger Jahre geworden und Ernst Polak zu einer seiner beherrschenden Figuren.

Auf intellektuelle Diskussionen und Gedankenaustausch ist das neue Café bestens vorbereitet. Neben einer großen Auswahl an Zeitungen und Zeitschriften steht auch *Der große Brockhaus* dem Gast zur Verfügung. Im Wien dieser Zeit war das allerdings nichts Außergewöhnliches. Noch heute kann man zum Beispiel im Café West in einem etwas versteckten Schrank eine alte Ausgabe von *Meyers Konversationslexikon* finden.

In der Notzeit rückt der Kreis der Literaten enger zusammen und wird zu einer Solidargemeinschaft. Etwa zwei Jahre später wird sich Milena Jesenská an diese Zeit erinnern:

> Damals waren wir das, was man Boheme nennt. Allesamt hatten wir nichts zu essen, und weil es bei uns etwas weniger kalt war als auf einer Bahnhofsbank, kam es oft vor, daß ein verzweifeltes Mitglied dieser kleinen Gesellschaft die Kammer hinter unserer Küche bewohnte, wo jetzt bürgerlich protzig und wohlhabend bis zur Decke Holz aufgeschichtet ist ...

Das Kaffeehaus spielte in dieser Notzeit eine noch größere Rolle als früher.

> In den letzten Jahren als es nichts zu essen gab, wo zu Hause nicht geheizt werden konnte und man nichts zum Anziehen hatte, verwandelte sich das Kaffeehaus in das gemeinsame Zuhause der Boheme, der es verdammt schlecht in der Zeit des Krieges ging. (...) Im Kaffeehaus schreibt man, korrigiert man und diskutiert. Im Kaffeehaus spielen sich alle Familienszenen ab, im Kaffeehaus weint und schimpft man über das Leben und auf das Leben.[14]

Das »wir«, das Milena Jesenská in dem ersten Abschnitt benutzt, sollte man nicht überlesen. Es ist ein Zeichen dafür, daß sie sich der Herrenhofrunde zugehörig fühlt. Ein »wir« würde man in einem Feuilleton eines Wiener Klassikers schwerlich finden. Hier existiert man nur als Ich oder als das unpersönliche Man. Diese Identifizierung heißt allerdings nicht, daß Milena keine kritische Distanz zum Kaffeehaus hat.

Das Café Herrenhof in Wien

Auch das liegt in der Tradition des Kaffeehauses. Die schärfste Kritik an dieser Art zu leben wurde an Kaffeehaustischen formuliert. Auch Milena Jesenská wird dazu beitragen:

> Der schöpferische Mensch ist allein. Der nicht schöpferische sucht Zerstreuung. Er sucht Unterhaltung auf seinem geistigen Niveau: Gespräch, Literatur, wenigstens den Nachgeschmack der Kreativität. Und wie jede ansteckende Krankheit ist auch diese geistige Atmosphäre ansteckend. Wer einmal in dem faulen Dahinfließen des Lebens in einem Café versinkt, kommt nur selten vorwärts. Nein, ganz so ist es nicht, denn wer fähig ist vorwärtszukommen, der versinkt darin einfach nicht.[15]

Der Stachel dieser Kritik soll vor allem Ernst Polak treffen. In der Zeit, von der sie hier schon mit einer gewissen Distanz berichtet, geht es Milena buchstäblich von Tag zu Tag schlechter. Sie fühlt sich müde, erschöpft, nicht zuletzt aber auch schlecht angezogen und meint, daß sie auch deswegen das Interesse ihres Mannes verliert. »Schaut Euch Milena an, sie sieht aus wie sieben Bände Dostojewski«[16], kommentiert Franz Blei ihre Erscheinung in diesen Tagen.

Einige aus der Herrenhofrunde, das Ehepaar Polak eingeschlossen, versuchen jetzt mit Hilfe des damals modischen Kokains der Wirklichkeit zu entfliehen. In diese Zeit ist wohl auch Milenas Selbstmordversuch einzuordnen, von dem sie später in ihrem Feuilleton über ihre Hausgehilfin und mütterliche Freundin Frau Kohler schon mit humorvollen Abstand schreibt:

> Es ist nicht gerade wenig, was wir gemeinsam erlebt haben. In den drei Jahren, die ich in dieser verfluchten Stadt sitze, war sie mein Trost. Ich weiß, daß ihre Liebe zu mir ebenso groß ist, wie meine Liebe zu ihr, und daß ich mich jederzeit auf sie verlassen kann. Das wußte ich jedoch nicht immer. Damals, als ich den dummen Einfall hatte – wer hätte nie einen solchen Einfall gehabt? –, mich zu vergiften, ahnte ich das nicht. Als ich eine Woche lang halb bewußtlos in der leeren Wohnung lag, ohne eine Menschenseele zu kennen, erwachte ich jeden Mittag durch kräftiges Schütteln, mit dem mich Frau Kohler ins Leben rief. In meinem Dämmerzustand sah ich verschwommen ein verheultes rundes Gesicht, und Hände, die nach Petroleum rochen, stopften mir einen großen schwarzen Knödel in den Mund. Die Knödel hatte sie mir in einer sentimentalen Vorstellung von böhmischen Knödeln, von denen ich immer lauthals geträumt hatte, eigenhändig gekocht.
> Diese Prozedur wiederholte sie so lange, bis ich Kraft genug hatte, die schwarze Kugel zu erbrechen. Ich denke, daß ich mich nie vergiften werde. Nicht aus der Furcht vor

> dem Tode, sondern, weil ich mir schwer vorstellen kann, daß wir uns trennen, also, um aufrichtig zu sein: aus Furcht vor Frau Kohlers Knödeln.[17]

Das Schlimmste an der Not ist, daß sie nicht alle mit gleicher Härte trifft. Wer kein Geld hat, geht zugrunde, wer Geld hat, kann alles haben. Milena Jesenská hat aber keines und würde es sehr brauchen, um sich wieder elegant kleiden zu können, wie sie es gewohnt war. Dann könnte sie sicher ihren Mann wieder für sich gewinnen. Als sie eine Stelle als Hausdame bei einem Schauspielerehepaar bekommt, nimmt sie Geld aus einer Lade und wird, einen Tag nach ihrem dreiundzwanzigsten Geburtstag, verhaftet. »Wir nahmen ihr einen Anwalt – was keine große Sache war, denn der Anwalt war ebenfalls ein Freund von uns – und Milena amüsierte ihn sehr. Bei der Verhandlung sagte sie, sie habe das Geld gestohlen, um sich hübsche Kleider zu kaufen. ›War ich in erotische Krise.‹ Sie bekam eine kurze Gefängnisstrafe, dann lebte sie wieder unter uns, und keiner trug ihr das Vergehen nach«, berichtet Gina Kaus.[18] Auch ihr soll Milena ein Schmuckstück gestohlen haben.

In der romantischen Version dieser Diebstahlsgeschichte, wie sie Margarete Buber-Neumann und Jana Černá festhalten[19], schwebt die neu eingekleidete Milena durch den Herrenhof auf ihren Mann zu. Als er sich bewundernd über ihr Aussehen äußert, versetzt sie ihm zwei schallende Ohrfeigen und offenbart den Ursprung ihrer Eleganz. Daraufhin zeigt sie sich selbst an, und der schnell aus Prag herbeigerufene Professor Jesenský bringt die Sache wieder in Ordnung. Wie wir allerdings aus den Briefen Franz Kafkas wissen, bestand in dieser Zeit zwischen dem Vater und der Tochter kein Kontakt. Erst 1920 hat er ihr – nach mehr als zwei Jahren also – den ersten Brief geschrieben. Und das läßt wenigstens am zweiten Teil der Geschichte Zweifel aufkommen.

Ihre ersten Schreibversuche hat Milena Jesenská schon auf dem Gymnasium unternommen, und es handelte sich, nach dem Zeugnis von Herrn S., um mehr als nur die paar Beiträge für die Klassenzeitschrift »Naše snahy« (Unsere Bestrebungen) der Quinta A auf dem Minerva. Eine wenn auch kleine Erfahrung mit dem Schreiben besaß sie also schon. Bei ihrem regen Interesse an der Literatur mag es eigentlich nicht überraschen, daß sie jetzt, auf der Suche nach Verdienstmöglichkeiten, auf die Idee kam, Prosatexte aus dem Deutschen ins Tschechische zu übersetzen. Auch die endlosen literarischen Diskussionen im Café Herrenhof, die ganze Atmosphäre dort, haben diese Absicht sicherlich gefördert. Daß ihre Wahl auf den damals gänzlich unbekannten Franz Kafka fiel, ist zweifellos dem Einfluß Ernst Polaks zuzuschreiben, der zu den ersten Bewunderern seines Werkes gehörte und sowohl im Herrenhof als auch zu Hause oft über ihn sprach. Für die deutsch-jüdischen Literaten aus dem Arco war Franz Kafka kein Geheimtip mehr. Die Erfahrung, die sie mit Kafka teilten, nicht zu denen zu gehören, in deren Mitte man lebte, ebnete das Verständnis für sein Werk. Milena Jesenská war allerdings in ihrem literarischen Urteil selbständig genug, um die Qualität und das Außergewöhnliche an Kafkas Prosa zu erkennen. Franz Kafka war auch für sie kein Unbekannter, wenigstens seinen Namen mußte sie im Café Arco schon gehört haben, und sehr wahrscheinlich war sie ihm bereits auch persönlich flüchtig begegnet. So schrieb sie ihm einen Brief, in dem sie ihn um die Erlaubnis bat, seine Prosa ins Tschechische übersetzen zu dürfen.

Als das Ehepaar Polak im Herbst 1919 Prag besuchte und alte und neue Bekannte wiedertraf, war auch Franz Kafka dabei. Sehr wahrscheinlich wurde bei diesem Besuch auch der

Franz Kafka 1920

Kontakt zu dem tschechischen Dichter Stanislav Kostka Neumann wiederhergestellt, der als Herausgeber der kulturellen Wochenzeitschrift *Kmen* Milena Jesenská die Möglichkeit gab, hier ihre Übersetzung von Kafkas Erzählung *Der Heizer*, die später zum ersten Kapitel des Romans *Amerika* wurde, zu veröffentlichen.

Während dieses Besuchs gewinnt auch Milenas Idee, selber Artikel zu schreiben, festere Konturen. Die Situation in Prag zu dieser Zeit kommt ihr dabei entgegen. In den ersten Jahren nach der Gründung der Tschechoslowakischen Republik, in der Atmosphäre der Freude über die gewonnene eigene Staatlichkeit, erlebt die tschechische Kultur einen großen Aufschwung. In Prag wimmelt es geradezu von Aktivitäten, neue Ideen und Impulse werden gierig aufgenommen – und es gibt zahlreiche neue Zeitungen und Zeitschriften, die Beiträge brauchen. Auch einige von Milenas alten Freunden beteiligen sich an diesem regen Kulturleben. Staša Procházková, mittlerweile verheiratete Jílovská, arbeitet zum Beispiel als Redakteurin in der 1919 gegründeten liberalen Tageszeitung *Tribuna*. Staša Jílovská ist es auch, die den Kontakt zur *Tribuna* vermittelt, nachdem Milenas erste Bemühung, auf der Frauenseite der Zeitung *Národní politika* Fuß zu fassen, fehlgeschlagen war.

So beginnt Milena Jesenská, neben dem Kofferschleppen auf den Wiener Bahnhöfen und dem Tschechischunterricht, an der Übersetzung des *Heizers* und an ihren Artikeln zu arbeiten. Am 30. Dezember 1919 können die Leser der *Tribuna* ihren ersten, mit den Initialen M. P. unterschriebenen Bericht aus Wien lesen:

> Am besten unters Federbett kriechen, sich bis zu den Ohren zudecken und erst nach den Feiertagen hervorkommen. Auf diese Weise gedachte ich Weihnachten zu feiern! Und merkwürdig: Was in Prag, in Berlin, in jeder anderen Stadt schon monatelang eine Katastrophe wäre, was anderswo Demonstrationen, Geschrei, Proteste und vielleicht sogar eine Revolution auslösen würde – das erträgt man hier in völliger Ruhe, mit halb stumpfer, halb humorvoller Resignation. Spricht ein Wiener davon, macht schon seine Sprache über alles Witze, jedes Wort kullert leicht und komisch über die Lippen, auch wenn er schimpft, droht, oder zürnt; letztlich ist alles einfach nicht ernst gemeint.[20]

Weitere Artikel lassen nicht lange auf sich warten. Fast jede Woche ist Milena Jesenská, einmal als M. P., einmal als M. J., etwas später auch als A.X. Nessey, auf den Seiten der *Tribuna* präsent. Dort befindet sie sich mit ihren Artikeln in einem Kreis von bekannten Autoren. Für die junge Zeitung schreiben sowohl Jaroslav Hašek, der Autor des *Braven Soldaten Schwejk*, als auch der führende tschechische Literaturkritiker František Xaver Šalda, die angehende Prosaistin Marie Pujmanová und nicht zuletzt auch der »rasende Reporter« Egon Erwin Kisch.

Als Ende April 1920 *Der Heizer* im *Kmen* auf Tschechisch erscheint, hat sich zwischen dem Autor und seiner Übersetzerin schon ein Briefwechsel angebahnt.

Meran Untermais, Pension Ottoburg

Liebe Frau Milena
von Prag schrieb ich Ihnen einen Zettel und dann von Meran. Antwort bekam ich keine. Nun waren ja die Zettel keiner besonders baldigen Antwort bedürftig und wenn Ihr Schweigen nichts anderes ist als ein Zeichen verhältnismäßigen Wohlbefindens, (...), so bin ich ganz zufrieden. Es ist aber auch möglich – und deshalb schreibe ich – daß ich Sie in meinen Zetteln irgendwie verletzt habe (welche gegen allen meinen Willen grobe Hand hätte ich, wenn das geschehen sein sollte) oder, was freilich noch schlimmer wäre, daß der Augenblick ruhigen Aufatmens, von dem Sie schrieben, wieder vorüber und wieder eine schlechte Zeit für Sie gekommen ist. Zur ersten Möglichkeit weiß ich nichts zu sagen, so fern liegt mir das und alles andere so näher, zur zweiten Möglichkeit rate ich nicht – wie könnte ich raten? – sondern frage nur: Warum fahren Sie nicht ein wenig aus Wien hinaus? (...)
Ich erwarte also zweierlei. Entweder weiteres Stillschweigen, das bedeutet: »Keine Sorge, mir geht es recht gut.« Oder aber paar Zeilen.

Herzlichst Kafka[21]

Der Briefwechsel, dessen eigentlicher Anlaß die Übersetzung ist, umfaßt bald auch die privaten Bereiche des Lebens der beiden Schreibenden. Milena schildert ihre unerfreuliche Situation in Wien. Sorge um ihr Wohlbefinden, Interesse an ihrer Person, Suche nach Lösungen sind die Antworten, die sie bekommt:

> Und was werden Sie nun tun? Es ist ja wahrscheinlich ein Nichts, wenn man Sie ein wenig behütet. Daß man Sie aber ein wenig behüten muß, muß doch jeder einsehn, der Sie lieb hat, da muß doch alles andere schweigen. Also auch eine Erlösung hier? Ich sagte ja, – nein, ich will keine Späße machen, ich bin auch gar nicht lustig und werde es nicht früher, ehe Sie mir nicht geschrieben haben, wie Sie Ihre Lebensweise neu und gesunder einrichten. Warum Sie nicht ein wenig von Wien fortgehn, frage ich nach Ihrem letzten Brief nicht mehr, das verstehe ich jetzt, aber auch ganz nahe bei Wien gibt es doch schöne Aufenthalte und manche Möglichkeit für Sie zu sorgen.[22]

Kafkas Briefe geben Milena Jesenská genau das, was sie in der Ehe mit Ernst Polak und wohl schon einige Jahre vorher, vielleicht seit dem Tode der Mutter, so bitter entbehrt hat: das Gefühl der Wärme und Geborgenheit. Hier ist plötzlich jemand, der sie aus der Gleichgültigkeit, mit der sie umgeben ist, herausholt, sich für sie interessiert und sich um sie Sorgen macht. Milena fühlt sich verstanden wie schon lange nicht mehr. Und man kann sich gut vorstellen, mit welcher Freude sie manche an sie gerichteten Zeilen Kafkas gelesen hat:

> Man müßte Milena Ihr Gesicht zwischen beide Hände nehmen und Ihnen fest in die Augen sehn damit Sie in den Augen des andern sich selbst erkennen und von da an nicht mehr imstande sind, Dinge wie Sie sie dort geschrieben haben, auch nur zu denken.[23]

Sicherlich fördert auch die Situation, in der sich Franz Kafka befindet, die Entwicklung der Beziehung. In der Ruhe des Kuraufenthaltes in Meran, weit vom Alltag und seinen Problemen entfernt, ist es ihm möglich und auch angenehm, einen festen Bezugspunkt in einem Menschen zu haben, an den er seine Gedanken und Gefühle binden kann. Die Distanz bleibt gleichzeitig gewahrt. Von »geschriebenen Küssen« wird in der Korrespondenz die Rede sein. Die Nähe, die sich zwischen den beiden entwickelt, ist eben keine gelebte. Davor ist Franz Kafka in allen seinen Beziehungen bisher immer zurückgeschreckt.

Ist für Milena Jesenská in den Anfängen ihrer Korrespondenz die fürsorglich-väterliche Haltung des dreizehn Jahre älteren Kafkas so überraschend und wohltuend, so ist er wiederum von der Vitalität, Intelligenz und Spontaneität seiner Briefpartnerin fasziniert. In Milena ist ihm zum ersten Mal in seinem Leben eine Frau begegnet, die ihm ebenbürtig ist.

»Sie ist ein lebendiges Feuer, wie ich es noch nie gesehen habe, ein Feuer übrigens, das trotz allem nur für ihn (Ernst Polak, Anm. d. Verf.) brennt. Dabei äußerst zart, mutig, klug und alles wirft sie in das Opfer hinein oder hat es, wenn man will, durch das Opfer erworben«[24], schreibt er Anfang Mai 1920 an Max Brod aus Meran. In diesen zwei Sätzen hat Franz Kafka den Charakter Milena Jesenskás genau erfaßt. Zwanzig Jahre später wird sie in einem Brief an Willi Schlamm Franz Kafka als einen von den drei Männern in ihrem Leben bezeichnen, die sie verstanden hätten, denen sie »nicht fremd war«, wie sie schreibt.

Franz Kafka ist zufrieden mit Milenas Übersetzung seiner Prosa. Als er erfährt, daß sie auch für Zeitungen schreibt, will er ihre Artikel lesen. Als Milena Jesenská sie ihm nach anfänglichem Zögern, sie ist doch nur eine Modereferentin, schickt, erntet sie wieder Lob. Erstaunlich zutreffend erkennt Kafka aus den wenigen Artikeln Milena Jesenskás ihre Seelen- und Geistesverwandtschaft mit der großen tschechischen Schriftstellerin des 19. Jahrhunderts, Božena Němcová:

> Aber jedenfalls: das ist keine gewöhnliche Schreiberin, die das geschrieben hat. Ich habe danach zu Ihrem Schreiben fast so viel Vertrauen wie zu Ihnen selbst. Ich kenne (...) im Tschechischen nur eine Sprachmusik, die der Božena Němcová, hier ist eine andere Musik, aber jener verwandt an Entschlossenheit, Leidenschaft, Lieblichkeit und vor allem einer hellsichtigen Klugheit. Sollten das erst die letzten Jahre hervorgerufen haben? Schrieben Sie auch früher?[25]

Umhüllt von Kafkas Zuwendung und Aufmerksamkeit, gewinnt Milena Jesenská allmählich ihr altes Selbstwertgefühl zurück. Sie wird zufriedener, ruhiger, manchmal sogar glücklich. Der tägliche Gang zum Postamt in der Bennogasse, wo Kafkas Briefe, an »Kramer« adressiert, auf sie warten, oft mehrere am Tag, wird zur Achse ihres Lebens. Kafkas Briefe sind ihre stille Freude, über die sie mit niemandem aus ihrem Wiener Bekanntenkreis spricht. Nur Ernst Polak weiß davon. Kafkas Zuwendung macht das Leben mit ihm für Milena erträglicher, seine Gleichgültigkeit kann sie jetzt besser verkraften. Und die Zuwendung Kafkas macht auch sie für ihren Mann wieder interessanter. Daß Kafkas Briefe eine stabilisierende Wirkung auf ihre Ehe haben, ist Milena Jesenská zuerst wohl nicht bewußt.

Mit Kafkas Briefen sind allerdings nicht alle Schatten aus Milenas Leben in Wien gebannt. Die Notzeit, mit allen ihren Begleiterscheinungen, besteht weiter. In der Wohnung in der Lerchenfelderstraße trifft sich eine bunte intellektuelle Gesellschaft, die ihre Freude und den Ausweg aus allerlei Mühen des Alltags im Kokainschnupfen gefunden hat. Polaks »einzige künstlerische Betätigung besteht darin, daß man von ihm das

Kokainnehmen lernen kann,« schreibt Emil Szittya.[26] Milena gefällt es einerseits nicht, andererseits zieht sie dieses Milieu doch an. Das Leben bis zum Bodensatz auskosten, das will sie ja auch. Unannehmlichkeiten bereitet ihr auch der alte liebe Freund Werfel aus Prag. In der Atmosphäre der sexuellen Libertinage möchte er mit Milena, die für ihn ein Bestandteil seiner »Geliebten Prag« ist, intim werden. Er bedrängt sie, wird grob, einmal, auf dem nächtlichen Nachhauseweg, will er sie mit Gewalt in seine Wohnung ziehen. Milena ist angeekelt, fühlt sich herabgewürdigt und beschwert sich auch bei Kafka über den gemeinsamen Freund.

Wird in dieser Zeit die Wohnung des Ehepaares Polak mitunter zu einer »Höhle«, so wird die eigentliche Höhle, die Kellerwohnung von Frau Kohler, der Hausmeisterin und Milenas Freundin, zu einem lichten Sammelpunkt, wo alle diese vom Leben geschüttelten Existenzen Wärme und Hilfe in alltäglichen Dingen finden. Frau Kohler bügelt unzählige ausgebeulte Hosen, näht Knöpfe an, bringt abgetragene Schuhe wieder zum Glänzen und genauso eifrig schneidet sie aus den Zeitungen alles aus, was »ihre Dichter« veröffentlicht haben. Später wird auch Franz Kafka oft bei ihr anrufen, wenn er einen Brief von Milena vermißt.

Ende Juni beendet Kafka seinen Kuraufenthalt in Meran, und Milena bedrängt ihn, sie auf der Rückreise nach Prag in Wien zu besuchen. Nach intensivem, dreimonatigem Briefwechsel möchte sie Frank, wie sie Kafka nennt, endlich sehen. Ihre Begegnung kommt nicht ohne inneren Kampf Kafkas zustande. Er möchte Milena sehen, fürchtet sich aber doch vor der unmittelbaren körperlichen Begegnung mit ihr. Das »Ich komme« und das »Ich komme nicht« wechseln in seinen Briefen im Mai und Juni ständig ab. Sein Zögern kann Milena Jesenská zwar verstehen, jedoch nur schwer akzeptieren. Aber die vier Tage in Wien, vier Tage zeitlosen, wunschlosen

Glücks, lassen diese kleinen Dissonanzen vergessen. Milena gelingt es, Franz für vier Tage von seinen Ängsten zu befreien.

> In den vier Tagen, in denen Frank neben mir war, hat er sie verloren. Wir haben über sie gelacht. (...) Es war nicht die geringste Anstrengung nötig, alles war einfach und klar, ich habe ihn über die Hügel hinter Wien geschleppt, ich bin vorausgelaufen, da er langsam gegangen ist, er ist hinter mir hergestampft, und wenn ich die Augen schließe, sehe ich noch sein weißes Hemd und den abgebrannten Hals und wie er sich anstrengt. Er ist den ganzen Tag gelaufen, hinauf, hinunter, er ist in der Sonne gegangen, nicht ein einziges Mal hat er gehustet, er hat schrecklich viel gegessen und wie ein Dudelsack geschlafen, er war einfach gesund, und seine Krankheit war uns in diesen Tagen etwas wie eine kleine Erkältung.[27]

Die Faszination dieser vier unbeschwerten Tage in Wien wirkt bei Franz Kafka noch lange nach:

> Und trotz allem glaube ich manchmal: wenn man durch Glück umkommen kann, dann muß es mir geschehn. Und kann ein zum Sterben Bestimmter durch Glück am Leben bleiben, dann werde ich am Leben bleiben.[28]

In Prag zurück löst Kafka seine Verlobung mit Julia Wohryzek. Er drängt auf Entscheidung. Milena soll Wien verlassen und zu ihm nach Prag kommen. Auch in Milenas Brief an die Freundin Staša Jílovská finden sich die Worte »mit Kafka leben«. Letztlich zeigt es sich aber, daß Milena nicht imstande ist, sich von Ernst Polak zu trennen und Wien zu verlassen. »Ja, ich habe ihn gerne, aber K. auch Dich habe ich gerne«[29], schreibt sie einmal. Und dieses »auch« ist für Franz Kafka besonders verletzend. Ernst Polak, der ihr, wie sie an Max Brod schreibt, »hundertmal im Jahr untreu ist«[30], hält sie in

Milena Jesenská um 1920

Bann, als würden all die Enttäuschungen, die sie mit ihm schon erlebt hat, sie noch fester an ihn binden. Für einen Außenstehenden ist Milenas Liebe zu Ernst Polak zu einer Fixierung geworden, die in ihrem zwanghaften Charakter an ihre Beziehung zum Vater erinnert. Milena Jesenská selbst wird neun Jahre später in einem Brief an den tschechischen Karikaturisten Adolf Hoffmeister von der gleichen »inneren Sprache«[31]

schreiben, die sie mit Ernst Polak verband und ihre spätere Scheidung von ihm zu dem Schlimmsten machte, was sie je erlebte. Und sie bekennt, daß sie ihn auch damals noch liebte. Beziehungen haben ihre Geheimnisse.

Es ist aber sicherlich nicht nur Milenas Liebe zu Ernst Polak, sondern auch Kafkas ablehnendes, angsterfülltes Verhältnis zur Sexualität, das bei ihrer Entscheidung eine wichtige Rolle spielt. Für Franz Kafka zerfällt die Beziehung zwischen den Geschlechtern in die schmutzige Sexualität und die ideale, reine Liebe zur Frau. Der Beischlaf ist für ihn die Bestrafung für das Glück des Beisammenseins, wie er einmal in seinem Tagebuch notiert, und die strengste Askese die einzige Lösung dieses Dilemmas.[32] Milena Jesenská kennt diese Spaltung nicht. Für sie ist die körperliche Liebe die natürlichste Sache der Welt, der Höhepunkt der Beziehung zwischen Mann und Frau. Für Franz Kafka ist die Ehe das Höchste, wozu man ja sagen kann. Für Milena Jesenská dagegen ist es die Macht des Lebens selbst, das Bedürfnis nach der körperlichen Liebe und einer Aufgabe, was die Menschen zum Zusammenleben zwingt, wie sie in einem ihrer Feuilletons schreibt.[33] Auch später in dem berühmten Feuilleton »Der Teufel am Herd«[34] wehrt sie sich gegen die idealisierte Vorstellung von der Ehe als Glücksspender. Die Ehe hat für sie keinen höheren Wert, als ein Bund zur Bewältigung des Alltags zu sein.

Genauso gegensätzlich sind aber auch ihre Einstellungen dazu, was Kafka als »das Gesetz« bezeichnet. Für Milena Jesenská hat das Leben einen höheren Stellenwert als die gesellschaftlichen Normen. Für Franz Kafka dagegen steht das Gesetz über dem Leben. Als ihn Milena einmal dringend nach Wien ruft, kommt er nicht, weil er seinen Vorgesetzten beim Gesuch um den Urlaub belügen müßte. Diese Haltung ist Milena unverständlich. Was wiegt schon eine kleine Lüge, wenn man einem Freund damit helfen kann?

Aber gerade dieser absolute moralische Anspruch Kafkas, seine ungeheuerliche ethische Sensibilität, macht ihn in ihren Augen zu einem außerordentlichen Menschen. Während so viele sich mit der Lüge arrangieren, lebt er in der Wahrheit. Wenn auch Milena dem Leben und seiner Realität zugewandt ist, betrachtet sie Kafkas Kompromißlosigkeit als etwas Reineres und Höheres als ihre eigene Einstellung. Sie ist allerdings für sie nicht lebbar. Besteht Milenas Radikalität darin, daß sie, ohne die Sehnsucht nach der »besseren Welt« aufzugeben, das Leben in seiner Realität akzeptiert, dann besteht die Kafkas in der Ablehnung jeglichen Kompromisses und dem Festhalten an dem Idealen, das einzig und allein wert ist, gelebt zu werden. Es geht darum, in jedem Augenblick des Lebens der Erlösung wert zu sein, selbst wenn es keine geben sollte. Weil Milena Jesenská diese Radikalität Kafkas versteht, weiß sie auch, daß er nicht mehr gesund wird. Und sie weiß auch, daß neben ihm für sie letztlich kein Platz ist. Denn neben ihm zu leben würde bei seiner ethischen Rigorosität für sie bedeuten, sein Leben zu leben, so wie es später Dora Diamant getan hat. Und dazu ist Milena Jesenská instinktiv nicht bereit. Sie bleibt auch Kafka gegenüber ein freier Mensch. Sie will und muß ihr eigenes Leben leben. Dazu aber hat sie neben Ernst Polak mehr Raum. Kafka verkörpert für sie die andere Möglichkeit zu leben, nach der sie sich aus ganzem Herzen sehnt, Polak die Realität. Mit ihrem nüchternen und sachlichen Blick wählt Milena Jesenská die Realität, wie immer in ihrem Leben. Darin besteht ihre Wahrhaftigkeit. Die Tragik der Beziehung zwischen Franz Kafka und Milena Jesenská liegt in der grundlegenden Unvereinbarkeit ihrer Lebensentwürfe.

Und Ernst Polak? Wie stand er zu der Beziehung zwischen seiner Frau und dem von ihm so geschätzten Schriftsteller? Als sicher kann gelten, daß er von der Beziehung zwischen ihnen von Anfang an wußte. Milena war viel zu offen und geradlinig, um ihre Beziehung vor ihrem Mann zu verheimlichen, zumal sie auf Kafkas Liebe stolz war. Die Beziehung zwischen Franz Kafka und Milena Jesenská war für Ernst Polak ein Stück vorweggenommener Literatur. Sie bahnte ihm den Weg zu einer intimeren Kenntnis von Kafkas Erlebnis- und Gedankenwelt. Manche Briefe Kafkas hat ihm Milena sogar zum Lesen gegeben, und genauso kannte er auch manche ihrer Antworten und Kafkas Tagebücher. »Ich glaube, ich hatte die ganze Zeit das Vertrauen Milenas«, wird er 1946 an Willy Haas schreiben.[35]

Auf Milenas Drängen treffen sich die beiden Liebenden noch einmal am 14. August 1920 in Gmünd, an der Grenze zwischen Österreich und der Tschechoslowakei. Die Begegnung, die unter großem Zeit- und Erfolgsdruck steht, verläuft unglücklich, die unterschiedlichen Lebensauffassungen werden für beide spürbar. »Dort lagen sie, aber nicht so hingegeben wie damals in der Nacht. Sie suchte etwas und er suchte etwas, wütend, Grimassen schneidend, sich mit dem Kopf einbohrend in der Brust des anderen«[36], wird als Echo auf diese Begegnung im *Schloß* stehen. Die körperliche Erfüllung blieb ihrer Liebe versagt.

Gleich nach dem Treffen in Gmünd fährt Milena mit ihrem Mann in den Urlaub nach St. Gilgen am Wolfgangsee – wie eine erhalten gebliebene Postkarte zeigt.[37] Aber der Briefwechsel zwischen Milena Jesenská und Franz Kafka verliert im Herbst und Winter 1920 nichts von seiner Intensität. Die Verständigung wird schwieriger, die Bemühungen, doch zusammenzukommen, verzweifelter, Kafkas Zwiespältigkeit deutlicher. Einerseits möchte er Milena doch für sich gewinnen, andererseits hat er Angst vor dem Leben mit ihr. Beide wissen zwar schon, daß es keine Realisierung der Beziehung geben wird, halten aber dennoch an der Illusion fest, in der sie sich beide spiegeln können. »Wären wir doch gleich noch in jener Nacht ausgewandert«, sagt Frieda im *Schloß*, »wir

Milena Jesenská und ihre Freundin Staša Jílovská 1923

könnten irgendwo in Sicherheit sein, immer beisammen, deine Hand immer nahe genug, sie zu fassen; wie brauche ich deine Nähe, wie bin ich, seit ich dich kenne ohne deine Nähe verlassen, deine Nähe ist, glaube mir, der einzige Traum, den ich träume, keinen anderen.«[38]

Um über Milena etwas zu erfahren und über sie sprechen zu können, sucht Franz Kafka in dieser Zeit oftmals Milenas engste Freundin Staša Jílovská auf. Und auch manche Briefe werden an ihre Adresse in der Stephansgasse* geschickt, und Kafka holt sie hier ab. Manchmal geht er mit Staša Jílovská auch spazieren. Kafka wird eifersüchtig auf die enge Symbiose, die zwischen Staša und Milena besteht. In seinen Briefen kommt Milenas beste Freundin nicht gut weg, vielleicht auch deshalb, weil sie an die Möglichkeit der Verbindung zwischen Kafka und Milena nicht glaubt. In den Erinnerungen von Staša Jílovská lebte Franz Kafka keineswegs als ein zerrissenes, von

*Štěpánská

Ängsten geplagtes Wesen, sondern als ein offenherziger, witziger, sehr intelligenter und temperamentvoller Mensch. In reinem Prager Tschechisch erzählte er ihr lebhaft gestikulierend von der Unabwendbarkeit seines Schicksals und hatte sie kaum zu Wort kommen lassen. Die vielen Briefe, die Milena Jesenská in dieser Zeit ihrer besten Freundin geschrieben hat, sind mit größter Wahrscheinlichkeit nach dem Tode Staša Jílovskás im Jahre 1955 verlorengegangen.

Im Januar 1921 bittet Franz Kafka, der die Ausweglosigkeit der Beziehung nicht mehr ertragen kann: »Nicht schreiben und verhindern, daß wir zusammenkommen, nur diese Bitte erfülle mir im stillen ...«[39]

In zwei verzweifelten Briefen an Max Brod gibt Milena Jesenská sich selbst die Schuld am Scheitern ihrer Beziehung wie auch an der Verschlechterung von Kafkas Gesundheitszustand. »Hätte ich es zustande gebracht, mit ihm zu gehen, so hätte er mit mir glücklich leben können«[40], schreibt sie fast mit den gleichen Worten wie Frieda im *Schloß*. Wie immer – und auch darin besteht der Unterschied zu Franz Kafka – findet sie aber auch jetzt Trost in der Zuwendung zum Leben: »... und wenn mich etwas noch oben hält, so geschieht es gegen meinen Willen, und es ist wohl dasselbe, was mich bis hierher getragen hat, etwas sehr Unbewußtes, eine unwillkürliche Liebe zum Leben.«[41]

Der Briefwechsel wird zwar abgebrochen, aber das Vertrauen besteht weiter. Im Oktober 1921 übergibt Franz Kafka Milena Jesenská seine Tagebücher zur Aufbewahrung. Als er ihr im März 1922 wieder schreibt, hat schon die Anrede mit »Sie« das frühere vertraute »Du« ersetzt. Es sind nicht mehr viele Briefe, die sie bis Kafkas Tod wechseln. In einem davon kommentiert Kafka ausführlich einen Artikel Milenas über die moderne Ehe, »Der Teufel am Herd«, vom Standpunkt seines Judentums.

Bei Milenas Besuchen in Prag werden sie sich noch einige Male sehen, und der Eindruck, den diese Begegnungen hinterlassen, hat etwas Nachsommerliches. Nach den Erinnerungen von Graf Schaffgotsch[42], hat Milena Jesenská Franz Kafka auch im Sanatorium in Kierling bei Wien, in den letzten Wochen seines Lebens also, besucht. In dem tschechischen Brief an Willi Schlamm vom 8. August 1938 findet sich der überraschende Satz: »Ich saß neben Kafka, als er in Wien im Sterben lag, und ich wartete, bis er starb.« Wenn diese Stelle auch symbolisch zu deuten ist, kann man nicht ausschließen, daß Milena Jesenská Franz Kafka noch kurz vor seinem Tode besucht hat.

Ihr Nachruf faßt zusammen, was Franz Kafka für Milena Jesenská eigentlich war: mehr als ein Mann ein Mensch, dessen ethische Strenge, das Streben nach dem Absoluten, nach Wahrheit und Reinheit, sie mit tiefer Ehrfurcht erfüllte. Er war für sie das Vorbild eines Menschen, wie er sein sollte, aber nicht sein kann, weil sich die Gesetze des Lebens dem widersetzen. Gerade weil sich Milena Jesenská der Grenzen ihrer eigenen Lebensweise immer wieder bewußt wurde, konnte sie Franz Kafka nicht vergessen, auch wenn sie später nur selten über ihn sprach.

Nach Kafkas Tod, am 3. Juni 1924, erfüllt Milena Jesenská seinen Wunsch, die Tagebücher Max Brod zu geben. Kafkas Briefe, die vierzig Jahre später ihren Vornamen weltberühmt machen werden, bewahrt sie bis 1939 selbst auf. Ihre eigenen Briefe an Kafka sind nicht erhalten geblieben. Sie bat zwar Max Brod, sie bei Kafkas Eltern zu holen und, wenn er die Gelegenheit dazu haben würde, dem Feuer anzuvertrauen[43], ob dies aber geschah, ist nicht bekannt. Jedoch läßt sich die Spur des Briefwechsels mit Kafka in Jesenskás Feuilletons bis in die Mitte der zwanziger Jahre verfolgen. Auch Kafka selbst kommt hier – wie zum Beispiel in dem Feuilleton »Der Fluch der vorzüglichen Eigenschaften« – einige Male vor. In Kafkas *Schloß* wiederum finden auch die Schattenseiten ihrer Beziehung literarischen Niederschlag. Milenas Züge tragen hier, worauf der tschechische Literaturhistoriker František Kautman[44] aufmerksam machte, zwei Frauengestalten, nicht nur Frieda, sondern auch Amalia, als hätte Franz Kafka die Spannungen in Milenas Wesen darstellen und festhalten wollen. Frieda, die die sinnliche, triebhafte Komponente in Milenas Charakter verkörpert, steht Amalia, die einzige, die sich der Herrschaft des Schlosses widersetzt, mit ihrem Humanismus gegenüber, ihrem Mitleid mit den Leidenden, ihrem Stolz und ihrer Würde – Eigenschaften, für die Kafka Milena »Mutter Milena« nannte.

Die junge Journalistin

In der tschechischen Tageszeitung *Tribuna* hat Milena Jesenská im Jahre 1920 einunddreißig Feuilletons veröffentlicht. Für *Kmen*, die Wochenzeitschrift für »Literatur, Leben und Kunst«, übersetzte sie Prosa von Franz Werfel, Alfred Döblin, Charles Péguy, Charles-Louis Philippe, dem schreibenden Arbeiter Gustav Schulz, Leo Tolstoj und Upton Sinclair und Studien von Gustav Landauer, Gina Kaus und Rosa Luxemburg. In dem gleichen Jahr ist im *Kmen* auch Kafkas *Heizer* erschienen und *Ein Bericht für die Akademie* und *Unglücklichsein* in der *Tribuna*. Wenn man dazu noch die Hunderte von Seiten der Briefe an Franz Kafka rechnet, ist es ein beachtliches Arbeitspensum, das die junge Journalistin in diesem Jahr bewältigt hat.

Auch wenn ihr das Schreiben und Übersetzen nach eigener Aussage leicht von der Hand geht, für das Leben in dem Milieu der Wiener Boheme ist ihr sicherlich nicht viel Zeit übriggeblieben. Die Auswahl der Autoren und Texte bereitete Milena Jesenská keine Schwierigkeiten. Man kann sich kaum eine bessere Informationsquelle vorstellen als die Literaten-

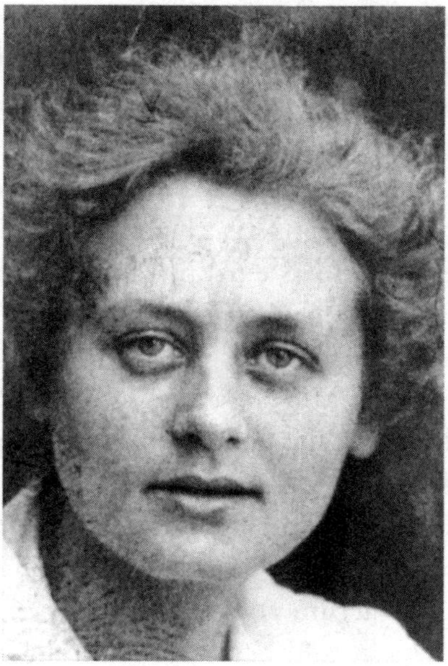

Milena Jesenská um 1923 in Wien

runde im Café Herrenhof. An Milenas literarischen Präferenzen ist ihr wachsendes Interesse an sozialen Fragen, ihre Linksorientierung unverkennbar. Neumanns *Kmen* war auch eine linke Zeitschrift. Bei dem Umfang von Jesenskás Übersetzertätigkeit und ihren noch unzureichenden Deutschkenntnissen, wovon Gina Kaus und Graf Schaffgotsch berichten, ist es nicht auszuschließen, daß Ernst Polak, der zweisprachig war, Milena bei ihrer Arbeit gelegentlich half.

Mit dem Beginn ihrer journalistischen Tätigkeit setzt eine langsame Konsolidierung von Milenas Leben in Wien ein. Notsituationen und starker Druck von außen werden auch später ihre Kräfte mobilisieren und eher stabilisierend auf sie wirken. Die Beziehung zu Franz Kafka, das Bewußtsein jemandem etwas zu bedeuten, haben zu dieser Konsolidierung sicherlich nicht unwesentlich beigetragen.

Bei der Arbeit an den Übersetzungen kommt Milena ihr ausgezeichnetes, differenziertes Tschechisch und ihr Einfühlungsvermögen zugute. Das gilt auch für ihre Kafka-Übersetzungen. Wenn sie auch nicht wortwörtlich übersetzt, so gibt sie immer treu und einfühlsam die Atmosphäre des Werkes wieder. Auf diese Sensibilität für die Sprache ist es auch zurückzuführen, wenn sie zum Beispiel den Titel der Erzählung *Das Urteil* als *Das Gericht* – tschechisch »soud« – übersetzt.

Als Journalistin hat Milena Jesenská keinen Mangel an Themen. Sie findet sie überall auf den Straßen Wiens, in den Begebenheiten des Tages, im Wien der kleinen Leute, die an dem Zusammenbruch der alten Ordnung am meisten zu leiden haben. Sie selbst findet hier Trost. Und indem sie ihren Blick dem Leben um sie herum zuwendet, wird sie von ihren eigenen Nöten abgelenkt und befreit. Die Straße, nicht etwa die Sprache wie bei den Literaten aus dem Café Herrenhof, ist ihr Zufluchtsort.

Gleich in den ersten Artikeln hat Milena Jesenská ihren unverwechselbaren Stil gefunden. Sie geht auf den Leser offen und direkt zu, als hätte sie mit ihm ein Gespräch angefangen. Genauso offen teilt sie sich ihm auch mit. Diese Unmittelbarkeit läßt die Schwelle zwischen Leben und Schreiben genauso wie die zwischen Autor und Leser verschwinden. Darin sind ihre Texte den kleinen Geschichten Robert Walsers, dem von Kafka geliebten und bewunderten Autor, nicht unähnlich. Diese Spontaneität und Unbekümmertheit, mit der Milena Jesenská schreibt, mußte dem von so vielen Hemmungen geplagten Franz Kafka fast wie ein Wunder vorkommen. In ihren Artikeln und Feuilletons ist Milena Jesenská nie ironisch; ihr Schreiben erwächst aus einer umfassenden Solidarität mit allem Lebendigen, aus der an Dostojewski geschulten Humanität als Lebenseinstellung. Auch das Spiel mit den

Worten, denen neue, verborgene Bedeutungen abgerungen werden, wie es in den Diskussionen im Herrenhof leidenschaftlich betrieben wird, findet man bei Jesenská nicht. Für sie ist die Sprache noch in ihrem ursprünglichen Sinne ein Mittel zur Verständigung zwischen den Menschen. Ihre überraschenden Entdeckungen liegen in dem genauen Hinschauen begründet, was sich hinter der Erscheinungsform der Dinge und Ereignisse wie auch der allgemein tradierten Meinungen verbirgt. Was sie dem Leser bietet, ist aber keine Idylle, sondern ein Stück Geborgenheit in dieser »bösen-schönen« Welt. Am zutreffendsten hat Milena Jesenská selbst ihr Schreiben charakterisiert: »Das einzige, was ich wirklich schreiben kann, sind Liebesbriefe, und letzten Endes sind alle meine Artikel nichts anderes.«[45]

Gerade weil sie noch an die Möglichkeit der Verständigung glaubt, ist ihr Schreiben nicht ohne aufklärerische Absicht. Sie möchte dem Leser auch Möglichkeiten aufzeigen, wie er mit seinem Leben besser fertig wird, es besser versteht und Fehler vermeidet. Dann verwandelt sie sich in eine freundliche, liebevolle ältere Schwester, die alles, wenn auch unprätentiös, besser weiß. Natürlich ist die spontane Schreibweise Jesenskás nicht ohne Tücken. Wenn die Spannung nachläßt, wird die intellektuelle Brillanz etwas zu geschwätzig, die Herzlichkeit bekommt einen sentimentalen Stich. Diese Gefahr wird manche ihrer Artikel allerdings erst in der zweiten Hälfte der zwanziger Jahre einholen.

Mit der Veröffentlichung des für die Wiener Schreibperiode typischen Feuilletons »Fenster« in der Prager Renommierzeitung *Národní listy* (Nationalzeitung) beginnt sich in Jesenskás journalistischer Karriere eine neue Ära abzuzeichnen.

Haben Sie schon einmal hinter Gefängnisgittern das Gesicht eines Gefangenen gesehen? Ein Gesicht, durch das

Gitterkreuz zerschnitten? Dann würden Sie begreifen, daß das Fenster, keineswegs die Tür, das Tor zur Freiheit ist. Vor dem Fenster liegt die Welt. Ein Gesicht hinter einem vergitterten Fenster ist schrecklicher als ein Mensch hinter einer verschlossenen Tür. Denn im Fenster liegt alle Hoffnung auf Licht, auf den Sonnenaufgang, auf den Horizont; im Fenster liegen Sehnsüchte und Wünsche. Hinter der Tür befindet sich allein die Wirklichkeit.[46]

Milena Jesenská schreibt zwar noch weiter für die *Tribuna*, ihre Arbeiten erscheinen allerdings immer öfter auch auf den Seiten von *Národní listy*.

Offensichtlich war es Milenas Tante, die Schriftstellerin und Dichterin Růžena Jesenská, langjährige Mitarbeiterin des Blattes, die der Nichte den Weg in die führende tschechische Tageszeitung gebahnt hat. Wie Prager Zeitzeugen berichten[47], soll zwischen Tante und Nichte eine gute Beziehung bestanden haben, was Jana Černá allerdings erst für die dreißiger Jahre gelten läßt. In ihrer Jugend hat Milena den romantischen Stil der Tante wohl eher belächelt. In der Wiener Zeit soll die Schriftstellerin Milena sogar mehrmals besucht haben. Genaueres und Gesichertes über diese Beziehung wissen wir aber nicht. Es gibt keinen Brief, keine Notiz, keinen Hinweis, die diese Beziehung erhellen könnten. Nur den Briefen von Evžen Klinger an Willi Schlamm, kurz vor dem Ausbruch des II. Weltkrieges, kann man entnehmen, daß Růžena Jesenská noch kurz vor ihrem Tode bereit war, Briefe, die für Milena bestimmt waren, an ihre ungefährdete Adresse kommen zu lassen und vielleicht sogar auch bedrohten Menschen bei sich Asyl zu gewähren. Sehr wahrscheinlich würde man auch in ihrem literarischen Werk manche Figur finden, die mit Milenas Zügen ausgestattet ist.

Ernst Polak, der faszinierende Redner und »Sprachsteller«,

der aber nicht imstande ist, seine Gedanken schriftlich zu formulieren, muß jetzt zusehen, wie leicht der Frau neben ihm das Schreiben von der Hand geht. Der Überlieferung nach soll er, als Milena ihm ihre ersten Artikel zeigte, in schallendes Lachen ausgebrochen sein.[48]

»Mich hat er auch ausgelacht«, meint der Wiener Journalist Milan Dubrovic, einer der letzten Zeugen des Lebens im Café Herrenhof der zwanziger und dreißiger Jahre. »Die Journalistik war für Polak etwas Zweitrangiges. Aber durch seine Kritik hat man gelernt.«[49]

Als Milan Dubrovic um 1923 von dem Kreis im Herrenhof wahrgenommen wird und die Freundschaft des fast zwanzig Jahre älteren Ernst Polak gewinnt, lebt das Ehepaar Polak bereits getrennt. Jeder bewohnt eine Hälfte der Wohnung in der Lerchenfelderstraße. Während Polaks Teil dunkel möbliert ist und sehr düster wirkt, zeichnet sich der Milenas durch eine helle, moderne Einrichtung aus. Eine Katze streicht zwischen den beiden Territorien hin und her und holt sich Zuwendung, wo sie sie gerade bekommt. Ihr Leben und ihre Abenteuer hat Milena Jesenská in zwei ihrer Feuilletons geschildert. Der Umgang zwischen den beiden Ehegatten ist höflich, freundlich, aber distanziert. Das frühere »Du« wurde durch »Sie« ersetzt. Beide sind in dieser Zeit schon neue Bindungen eingegangen. Milenas Lebenspartner wird Franz Xaver Graf Schaffgotsch, der 1920 als überzeugter Kommunist aus dem revolutionären Rußland zurückkam. Gina Kaus, die mit ihm vorher liiert war, hat ihn und Milena zusammengebracht. »Ich glaube, ich habe Milena bei der Loslösung von dem Wiener Kaffeehausmilieu viel geholfen«, sagt er in seinen Erinnerungen.[50]

Das Leben von Milena Jesenská hat sich weiter stabilisiert. Einen Teil der Wohnung hat sie in eine Pension verwandelt, und sie beschäftigt sogar eine Köchin. Die Erfolgsserie ihrer

Zeitungsartikel setzt sich fort. Der frische lebendige Stil ihrer Berichte aus Wien findet bei den Lesern ein positives Echo. Sie faßt immer mehr Fuß in *Národní listy*, was für sie eine größere materielle Sicherheit bedeutet. Sie fährt jetzt häufiger nach Prag, und ihre Kontakte zu den alten Freunden werden wieder intensiver. Sie versucht sich auch hier neu zu orientieren. Denn das Leben in Prag hat nach 1918 eine ganz neue Dynamik bekommen.

Bei ihren Besuchen in Prag wohnt Milena Jesenská allerdings nicht bei ihrem Vater. Sie hat sich auf Smíchov in der Zborovská 14 im Erdgeschoß ein Zimmer gemietet.

Möglicherweise hat sie hier auch ihren Nachruf auf Franz Kafka geschrieben, der in *Národní listy* am 6. Juni 1924 erschienen ist: »Er war ein Mensch und Künstler von so feinem Gewissen, daß er auch dort etwas spürte, wo sich andere, die nicht so empfindlich waren, ungefährdet fühlten.«[51]

Nachdem Milena Jesenskás Position in der Prager Zeitungswelt aufgebaut und ihre Ehe mit Ernst Polak in Auflösung begriffen ist, hat sie eigentlich keinen Grund mehr, in Wien zu bleiben, zumal das kulturelle Leben im Prag der zwanziger Jahre interessanter und anregender zu sein scheint als das Leben in dem verarmten Wien, in dem eine reiche Kulturepoche bereits zu Ende geht. Prag zieht sie zwar an, aber die Trennung von Wien fällt ihr auch nicht leicht. Sie lebt hier schon sechs Jahre, und sie weiß, was sie der Stadt und ihrem intellektuellen Leben zu verdanken hat. Der größere Erlebnisraum der Stadt und ihre Urbanität, all die Anregungen und Impulse, die sie hier empfangen hat, wird sie mit nach Prag nehmen. Nicht zuletzt hat die Distanz zu dem tschechischen Milieu, die sie hier gewonnen hat, sie zu einer aufgeklärten tschechischen Patriotin gemacht. In diesem Sinne, wenn auch nicht in ihrer Art zu schreiben, bleibt sie von Wien geprägt.

Die Trennung von Wien bedeutet allerdings auch die Scheidung von Ernst Polak. Obwohl sich ihre Ehe für Außenstehende schon längst in nichts aufgelöst hat, ist dieser Schritt doch nicht nur für Milena Jesenská mit viel Schmerz verbunden, wenn auch sie es wohl war, die die Initiative ergriffen hat. »Als ich mich von Ernst trennte, ging es mir, als hätte man mir ins rohe Fleisch geschnitten«, wird sie im Jahre 1929, in dem schon zitierten Brief an Adolf Hoffmeister, schreiben.[52] Auch Ernst Polak hat das Ende seiner Ehe mit Milena offensichtlich für die nächsten zwei Jahre aus dem Gleichgewicht gebracht. Er läßt sich zum 1. Januar 1925 pensionieren – wir können annehmen, daß die Scheidung schon vorher erfolgte –, lebte dann einige Monate in Paris, später auch bei Willy Haas in Berlin, kehrte dann aber wieder nach Wien zurück, der einzigen Stadt, der er sich zugehörig fühlte. Hier begann er etwas später für die Zeitschrift *Die literarische Welt* seines Freundes Willy Haas Artikel und Rezensionen zu schreiben. Möglicherweise blieb Milenas journalistische Karriere, die er doch miterlebt hatte, nicht ganz ohne Einfluß auf ihn. Später holte Ernst Polak das Abitur nach, und mit Hilfe der Psychoanalytikerin Jolanda Jacobi nahm er das Philosophiestudium auf, das er mit der Promotion bei Professor Schlick abschloß. Mit Milena Jesenská blieb er auch später in einer losen freundschaftlichen Verbindung.

3

Das kurze Familienglück

Der Erfolg

Selbstbewußt, wie neu geboren, als hätte sie alle Krisen ihres Lebens in Wien zurückgelassen, kehrt Milena Jesenská, gefolgt von dem »roten Grafen« Franz Xaver Schaffgotsch, um 1925 nach Prag zurück. Die Prager Journalistin Hana Šklíbová konnte sich noch sechzig Jahre später genau an die Begegnung mit ihr erinnern: »Ich kam gerade aus London, und der Chef von *Národní listy* hat mich eingeladen, um mir eine Zusammenarbeit anzubieten. Milena war dabei, und ich muß sagen, daß sie auf mich einen überwältigenden Eindruck machte. Sie war elegant gekleidet, trug kurzgeschnittenes Haar, war witzig, fröhlich. Mir kam es vor, als hätte sie diese sonderbare Art von Wiener Charme und dekadentem Leichtsinn mit nach Prag gebracht. Ich war auch kein Aschenputtel, aber Milena, das war die große Welt.«[1]

Mit ihren Feuilletons und Modeartikeln für *Národní listy* hat sich Milena Jesenská in Prag inzwischen einen Namen gemacht. Ihre Jugendsünden sind längst vergessen. Jetzt, im Prag der zwanziger Jahre, verkörpert sie das Ideal einer modernen, weltzugewandten, emanzipierten jungen Frau. Viele Türen stehen ihr offen. Bevor sie sich aber definitiv in Prag niederläßt, verbringt sie gemeinsam mit ihrem Lebensgefährten noch fast zehn Monate in Buchholz bei Dresden, im Hause ihrer alten Freundin aus der Prager Zeit, Alice Gerstel.

Alice Gerstel und ihr Mann, Otto Rühle, gründeten im Jahre 1921 in Dresden den linksorientierten Verlag »Am anderen Ufer«. Otto Rühle, der Mitstreiter Karl Liebknechts und Mitbegründer des Spartakus-Bundes, zog sich in dieser Zeit aus der aktiven Politik zurück und widmete sich in der Monatsschrift *Das proletarische Kind* vor allem den Fragen der fortschrittlich orientierten Pädagogik. Alice Gerstel, Schülerin des Psychoanalytikers Alfred Adler, versuchte in ihren Schriften die Verbindung zwischen dem Marxismus und der Individualpsychologie herzustellen. In dem kultivierten, großzügig geführten Haus des Ehepaares Rühle kommt die bisher eher unpolitische, aber schon immer stark sozial orientierte Milena Jesenská intensiver mit den Ideen des Sozialismus und Marxismus in Berührung. Noch in Wien hat sie der Briefwechsel zwischen Rosa Luxemburg und Sonja Liebknecht, den sie ins Tschechische übertrug, durch seine Menschlichkeit und sein soziales Engagement sehr beeindruckt. Milenas ausgeprägter Gerechtigkeitssinn und mitfühlender Humanismus bekommen jetzt in dem sozialistischen Gedankengut eine theoretische Grundlage.

Der Aufenthalt in Buchholz bedeutet allerdings keine Unterbrechung in Milenas journalistischer Laufbahn. Von Dresden aus ist es nach Prag nicht weit, viel näher als von Wien. Sie schreibt weitere Artikel für die Frauenseite von *Národní listy*, arbeitet auch an der Übersetzung der *Räuber* von Leonhard Frank und redigiert eine neu gegründete Kinderbuchreihe. Alice Rühle-Gerstel wird in dieser Zeit mit einer Artikelserie über Frauenberufe zu einer gelegentlichen Mitarbeiterin der Prager Zeitung. Auch Graf Schaffgotsch ist literarisch tätig. Er schreibt an einem Theaterstück, das später im Malik Verlag erscheint.

Die Rückkehr nach Prag im Herbst 1925 bedeutet das ruhmlose Ende der Beziehung zwischen Milena Jesenská und Franz Xaver Schaffgotsch. Schaffgotsch, ein Kommunist, in seiner tiefsten Seele aber doch ein österreichischer Adliger, kommt ohne Milenas Hilfe in dem Prager Künstlermilieu, in

Milena Jesenská mit Franz Xaver Graf Schaffgotsch in Buchholz

dem sie bald zu Hause ist, nicht zurecht. Sein Adelstitel gilt in Prag wenig, und viel mehr als das aparte Prädikat eines Kommunisten hat er nicht zu bieten. Seine Kreativität hält sich in Grenzen. Er wird von Milena abhängig, und dadurch verliert er ihre Achtung. Seine Art, in Prager Kaffeehäusern nach Milena zu suchen und überall die Frage »Wo ist Milena?« zu stellen, macht ihn bald zu einer fast lächerlichen Figur. Nach einigen Monaten kehrt er nach Wien zurück. Milenas Abschied von ihm ist schroff und vielleicht auch etwas ungerecht: »Als ich mich von Schaffgotsch trennte«, wird sie etwa vier Jahre später an Adolf Hoffmeister schreiben, »– ich habe damals erlebt, was es heißt, mit einem Menschen zu leben, der eine andere innere Sprache hat – war es mir ganz gleichgültig. Ich hatte eine derbe Freude, daß er weg ist, und eine genauso derbe Angst, daß er zurückkommt. Ich hasse ihn noch heute ... «[2]

Dem Schock des I. Weltkrieges folgt im Europa der zwanziger Jahre eine wahre Explosion der Lebensfreude und des Optimismus. In der Tschechoslowakei wird diese Stimmung noch verstärkt durch die Freude am Aufbau des eigenen Staatswesens nach einer dreihundertjährigen, wie man sagt, unfreiwilligen Zugehörigkeit zu Österreich. Man glaubt schon wieder an den Verstand und den guten Willen des Menschen. Die Welt ist schön, man muß nur fähig sein, ihre Schönheit auch im Alltag, in jedem Detail zu entdecken.

Das neue Lebensgefühl der Nachkriegszeit verlangt nach neuen Formen, nach neuer Gestaltung der ganzen Umgebung des Menschen. Deshalb stehen die Architekten und die Architektur im Mittelpunkt der Diskussionen über den modernen Lebensstil; ein Versuch, die industrielle Zivilisation und die Humanität zu versöhnen. Diese Bemühungen, die in Frankreich mit dem Namen Le Corbusier und in Deutschland mit dem Dessauer Bauhaus verbunden sind, finden in der Tschechoslowakei in der Gruppe Devětsil ihre Entsprechung. Um diese Gruppe versammeln sich in Prag und Brünn junge Architekten, Maler und Dichter, die neu denken und leben wollen. Mehr oder weniger versprechen sie sich alle die Erfüllung ihrer Träume von einer Welt, in der »alle Menschen Dichter werden«, von der Oktoberrevolution und dem ersten sozialistischen Staat auf der Erde, der Sowjetunion. Die Zentralfigur in der Gruppe Devětsil ist der Kunsttheoretiker und Kritiker Karel Teige, der schon seit 1924 im Dessauer Bauhaus

Milena Jesenská mit Karel Teige und dessen Frau
Mitte der zwanziger Jahre

regelmäßig Vorlesungen hält. Die Avantgarde versteht sich international.

Konstruktivismus, Funktionalismus, Poetismus – das sind die Namen der drei wichtigen Strömungen, um die sich die meisten Diskussionen drehen. Diskutiert wird natürlich in den Kaffeehäusern, vor allem im »Nárkav«, der Abkürzung für »Národní kavárna«, dem »Slávia«, beide in der Nationalstraße, und in dem auf Letná liegenden »Belveder«, unweit der Kunstakademie, einem der wenigen Prager Kaffeehäuser, wo man im Sommer auch draußen sitzen kann. Wenn die Kaffeehäuser schließen, werden die Diskussionen – und das ist das Neue – in den Bars oder Dancings fortgesetzt. In der »Kneipe der Generation«, U Macháčků (Bei Machatscheks), in der Karlsstraße, wo ein Schwarzer Negro-Spirituals spielt, treffen sich die tschechischen Künstler auch mit ihren ausländischen

Gästen wie Kurt Schwitters, Luigi Pirandello, Le Corbusier, Hans Mayer, Vladimír Majakowski, Rudolf Laban und anderen. Auch Franz Werfel ist hier einmal zu Gast.

Milena Jesenská findet in den Kreisen der tschechischen Avantgarde bald ihr neues Zuhause. Was für ein Unterschied zur Wiener Kaffeehausszene! Wurde dort mit Ironie, Sarkasmus und tiefer Melancholie das Ende einer Epoche zelebriert, so steht hier alles im Zeichen eines unbekümmerten, fröhlichen Aufbruchs.

Als nun verantwortliche Redakteurin der Frauenseite von *Národní listy* hat Milena in Prag alle Hände voll zu tun. Sie versammelt um sich ein Team von Mitarbeiterinnen, die für sie schreiben oder selbst kleine Rubriken auf der Frauenseite betreuen. Manche von den früheren Minerva-Schülerinnen treffen sich hier wieder. Milenas Mitarbeiterinnen, wie B. Friedländerová, Z. Foustková-Wattersonová, R. Illnerová-Kučerová, die Choreographin M. Mayerová oder die Textildesignerin J. Vondráčková und andere, repräsentieren die neue tschechische Frauenelite.

Zum ersten Mal gehören in einer Generation auch Frauen in größerer Anzahl der gebildeten Schicht der Gesellschaft an. Nachdem Frauen der Zugang zur höheren Bildung geöffnet wurde, sie 1918 auch die politischen Rechte bekamen und im privaten Bereich sich das Recht auf Liebe erkämpften, fühlen sie sich jetzt am Ziel der Bemühungen ihrer Vorkämpferinnen der Frauenbewegung angelangt. Eine gebildete, selbständige Frau, die ihr Schicksal selbst in die Hand nimmt, ist ihr Ideal. Sie definieren sich nicht durch den Bezug zum Mann, sie stehen neben ihm. Er ist der Freund, der Partner, der Kamerad fürs Leben. Nicht die Heirat, die Liebe ist das Ziel. Ihre Rolle in der Familie wollen sie allerdings nicht aufgeben, sondern neu gestalten. Umsichtig, selbstbewußt, kompetent, für Neues aufgeschlossen und gerade deswegen weiblich, stellen sie sich

Staša Jílovská und Milena Jesenská 1925

die moderne Frau vor. Die Gleichheit ist für sie die Gleichheit des Unterschiedlichen. In einer Zeit, in der jedem mittelständischen Haushalt ein Dienstmädchen zur Verfügung steht, ist es für sie kein Problem, das Wirken in der Öffentlichkeit oder den Beruf mit der Familie zu verbinden. Ihr eigenes Leben messen sie an dem ihrer Mütter und Großmütter und fühlen sich deshalb fast euphorisch frei.

Die Frauenseite von *Národní listy* gibt Milena Jesenská und ihren Mitarbeiterinnen die Möglichkeit, das neue Lebensgefühl ihren Leserinnen zu vermitteln. Sie kommen gut an. Das Ideal der emanzipierten Frau und der moderne Lebensstil werden eins.

Mit einem fast missionarischen Eifer kämpfen Milenas junge Mitarbeiterinnen auf den Seiten von *Národní listy* um den neuen Lebensstil nach den Vorstellungen von Devětsil und Bauhaus. Sonne, Luft, Raum, Bewegung, das sind die Zauberworte, mit denen die Lebensbedürfnisse des modernen Menschen umschrieben werden. Und ihnen soll auch seine Wohnung entsprechen. Das »Wohnmuseum« der alten Zeit, überfüllt mit schweren Möbeln, Nippes und Deckchen, gehört der Vergangenheit an; ästhetisch, aber zweckmäßig gestalteter Raum ist das neue Ideal. Diese Möglichkeit soll jedem eröffnet werden. Die Idee der kleinsten Wohnung, in der alles funktionstüchtig ist, ist die Antwort auf die soziale Frage der Zeit.

Der Erfolg des jungen Teams, das zu der liberal-konservativen Zeitung eigentlich so wenig paßt, ist überwältigend: »Wie ungeduldig wartete man schon sonntags auf ihre Artikel, in Prag, Brünn und auf dem Lande! Milena wurde und blieb lange ein Begriff. Die Auflage der Zeitung wuchs, ihre Gesellschaftsseite weckte Interesse«, erinnert sich eine der damaligen Mitarbeiterinnen Milenas, die Textildesignerin Jaroslava Vondráčková.[3] Milena Jesenská wird später die Ära *Národní listy* als die schönste Zeit ihres Lebens bezeichnen.

Ein Teil ihres Erfolges beruht sicher auf dem lebendigen Kontakt mit den Leserinnen, den Milena Jesenská intensiv pflegt. Immer wieder werden sie aufgefordert, über ihren Garten, ihre Rezepte und ihre Lieblingstiere oder Lieblingsurlaubsorte zu schreiben und sich an zahlreichen Umfragen und Enqueten zu beteiligen.

Und sieht die Frauenseite von *Národní listy* auf den ersten Blick aus wie ein Sammelsurium von Artikeln über Mode, Wohnungseinrichtung, Babynahrung und Gesundheitspflege, so trügt der Schein. Ein klares Konzept moderner Lebenskultur und des Menschen steht dahinter. Um so mehr gilt das für Milenas Artikel und Feuilletons. Mag hier auch von Hüten, Wintermänteln, Gürteln oder Schuhen die Rede sein, eigentlich wird immer vom Menschen gesprochen, der diese Dinge trägt. Denn nur er kann ihnen zur Wirkung verhelfen:

> Alles, was der Mensch tut, verrät, was er seelisch und geistig erarbeitet hat. Wie er aussieht, und wie er sich bewegt,

Milena Jesenská im Badeanzug 1925

wie er seine Kleider trägt und wie er die Füße setzt; wie er zu lachen weiß, und wie er jemandem die Hand drückt: all das strömt aus einer einzigen Quelle, aus dem Reichtum und dem Adel seines Innenlebens. Kleider machen keine Leute – wieviele Menschen erwarteten nach diesem Krieg, daß die Kleider sie machen werden! Und ist es ihnen gelungen? – Man könnte beinahe sagen, daß die Kleider den Menschen eher enthüllen als verhüllen. Eins ist aber sicher, ein wirklich wertvoller Mensch verliert nie durch die Ungeschicklichkeit seiner Kleidung, auch wenn an ihm manches anders sitzt, als »es sich gehört«. Er besitzt dafür eine so starke persönliche Note, daß er viel schöner ist als ein Mensch, der alles bewußt und peinlich genau so trägt, »wie es sich gehört«. Das soll nicht etwa heißen, daß das Äußere unwichtig sei, ganz im Gegenteil. Ich will damit nur sagen, daß das Äußere gar nicht etwas Äußeres ist, sondern ein Spiegel dessen, was sich im Inneren abspielt ...[4]

Man kann nichts verbergen und nichts vortäuschen, das ist der Grundton, die »Philosophie« von Milena Jesenskás Modeartikeln. Was sie anstrebt, ist die Persönlichkeitsbildung. Diese ist primär, die Kleider sollen und können die Persönlichkeit nur unterstreichen. In diesem Sinne ist die Eleganz die Frucht des Geistes. Und die Eleganz ist wiederum der Lebensausdruck einer emanzipierten Frau. Das ist der neue Ton, den Milena Jesenská auf die Frauenseite von *Národní listy* bringt. Ganz in diesem Sinne trägt die Sammlung von Artikeln über die Mode, die Milena Jesenská im Jahre 1927 herausbringt, den Titel: *Leute machen Kleider*. Genauso programmatisch ist auch die Überschrift ihres ersten Buches, der Feuilletonsammlung *Der Weg zur Einfachheit,* die ein Jahr vorher erschienen ist, zu verstehen. Einfachheit ist das große Wort der Moderne.

Das Buch ist dem »teueren Vater« gewidmet. Auch in diesem Bereich sind offenbar die Verhältnisse einfacher geworden.

Die Erfolge sind Milena Jesenská allerdings keineswegs zu Kopf gestiegen. Mit dem nüchternen, sachlichen, illusionslosen Blick betrachtet sie auch ihr eigenes Schreiben. In einem Brief an Adolf Hoffmeister wird sie darüber etwas später schreiben:

> Natürlich weiß ich, daß Du mich nicht für meine Artikel liebst. Ich halte überhaupt nichts von meinen Artikeln und bin in dieser Hinsicht ganz ehrlich. Ich meine allerdings nicht, sie wären so schlecht, daß sie zu einem »problematischen Punkt« zwischen mir und gleich welcher Art von Freundschaft werden könnten. Und ich denke auch nicht, daß sie so sind, daß ich zu dieser Freundschaft etwas von meiner Persönlichkeit dazu geben müßte, zum Ausgleich. Es sind ganz durchschnittliche Artikel, so wie es viele in den Zeitungen gibt. Ich habe keinen Grund mit ihnen zu

prahlen, genauso aber auch keinen, mich für sie zu schämen. Das ist alles. Wenn ich Geld hätte, würde ich keine Zeile mehr schreiben. Aber vielleicht werde ich einmal ein Buch schreiben, ein einziges Buch, und dieses Buch wird sicherlich nicht schlecht sein.[5]

In ihrer Selbsteinschätzung dem Freund gegenüber ist Milena Jesenská sicher aufrichtig, wenn ihre Zeilen, wie immer bei ihr, auch ihre augenblickliche Stimmungslage wiederspiegeln. In der unprätentiösen Art, mit der sie ihr Schreiben beurteilt, kommt allerdings auch ein weiblicher Zug zum Ausdruck, nämlich die eigene Arbeit für nicht so wichtig zu halten, sondern für etwas, das einfach getan werden muß. Nicht zuletzt weiß Milena Jesenská zu viel über Literatur und hat zu genaue Wertvorstellungen und zu hohe Ansprüche, um ihr Schreiben bedeutender einzuschätzen als nur nützlich. Uns, siebzig Jahre später, steht es allerdings frei, ihren Artikeln mehr abzugewinnen, als sie es einmal selber tat.

Zu den Attraktionen der zwanziger Jahre, als Zeichen der »modernen Zeiten«, gehört auch das Kino, das neben den Cafés, Dancings und Bars ein weiterer begehrter Versammlungsort der Avantgarde ist. Wie Pilze schießen in den Städten und Vorstädten neue Kinosäle aus dem Boden. Der Film ist noch stumm und schwarz-weiß. Nur in den leidenschaftlichen Szenen wird der Zelluloidstreifen rot oder rosa gefärbt. Das Kino, das die Menschen mit falschen Vorstellungen vom Leben und der Welt versorgt, ist die einzige Illusion, der sich die nüchterne Milena Jesenská leidenschaftlich hingibt. Es vergeht kaum ein Tag, an dem sie nicht einmal, oft sogar mehrmals, ein Kino besucht. In einem Feuilleton, das noch aus der Wiener Zeit stammt, ist sie wohl auch ihrer eigenen Leidenschaft auf den Grund gegangen:

> Ich kenne Menschen, die täglich im Kino sein können. Nicht, daß sie nicht arbeiten wollten oder nichts zu tun hätten. Sondern deshalb, weil es für die Seele so bequem ist, im Kino zu sitzen.
> Alles, was man sieht, ist scheinbar das Leben. Und dennoch, welch ein gewaltiger – und welch ein bequemer Unterschied. Hier geht es um Liebe und Haß, um Gut und Böse, um Ehrlichkeit und Niedertracht. (...) Hier gibt es schlechte Frauen, die rauchen, im Negligé auf der Ottomane liegen, und gute Frauen, die Wäsche nähen, Bücher lesen, Klavier spielen oder lockenköpfige Kindchen herzen. Man weiß einfach mit Sicherheit, daß sie gut sind und daß es gänzlich unmöglich wäre, in ihrer Seele etwas Schlechtes zu entdecken, und von den Bösen weiß man, daß sie böse sind und somit unsere Verachtung und keinerlei Mitleid verdienen. (...)
> Wie süß ist es, eine Weile mit dem Hirn der Leinwandhelden zu denken, von den Problemen des eigenen Lebens auszuruhen. (...) Kino ist etwas anderes als Unterhaltung. Kino kann man mit dem Alkohol des Trinkers vergleichen, dem Opium des Süchtigen – es ist etwas, was vergessen läßt, angenehm kitzelt, in den Schlummer wiegt. Kino ist etwas, dem wir Feiglinge uns so gern hingeben, um das Leben besser auszuhalten, etwas leichter zu ertragen, da wir ohnmächtig angesichts eines verunstalteten Lebens sind.[6]

Wenn auch Milena Jesenská die heile Welt des Kinos zum Leben braucht, erkennt sie gleich, welche neue Qualität Chaplins Filme auf die Leinwand bringen. Über seine *Nächte einer schönen Frau* schreibt sie:

> Ich habe noch keinen solchen Film gesehen. Ich fühlte nur jedesmal, wenn ich ein Kino verließ (...), daß es »so nicht

ist« und anders sein müßte. Nun, dieser Film ist der erste, der »anders ist«, das heißt: der erste, der einfach alle Konventionen der Filmwelt durchbricht. (...)
Die Gestalten dieses Films sind echte Menschen. Sie sind weder gut noch böse. Sie sind aber so konsequent ganzheitlich, daß sie tausend Widersprüche haben. Nur papierene Menschen haben einen gradlinigen Charakter. Wirkliche Menschen widersprechen sich hundertmal am Tage, sie gleichen ihren Edelsinn durch Schlechtigkeiten aus und zahlen für ihre Niederträchtigkeiten mit inneren Schönheiten.[7]

In der tschechischen Journalistik gebührt Milena Jesenská das Verdienst, den Augenblick zu erkennen, in dem der Film den Sprung von bloßer Unterhaltung zur Kunst geschafft hat, und zu definieren, worin dieser Unterschied besteht.

Das Glück

Im Sommer 1926 lernt Milena Jesenská bei einer Dampfschifffahrt auf der Moldau, die der Verein der bildenden Künstler organisiert hat, den jungen Architekten Jaromír Krejcar kennen. Diesmal ist es die Übersetzerin Jarmila Fastrová, die ihren Freund an Milena Jesenská abgeben muß. Schien Milena Jesenská nach ihrer Rückkehr aus Wien ohne Sorgen durch das Leben zu schweben, so hat sie jetzt, in den ersten Monaten ihrer Liebe zu Jaromír Krejcar, das Gefühl, durch das Leben zu tanzen. In ihrer kleinen Wohnung in dem Haus »U dvou čertů« (Bei zwei Teufeln) auf dem Malteser Platz auf der Kleinseite, liegen bald Pläne, Skizzen und Entwürfe des ein Jahr älteren Architekten.

Die beiden Liebenden verbindet nicht nur eine große Sensibilität für alle Dinge des Alltags, sondern auch die Neigung zum Leichtsinn, die Bereitschaft, spontane, unüberlegte Entscheidungen zu treffen. Sie bringen es durchaus fertig, sich Geld zu leihen, um sich dann per Taxi in den Böhmerwald oder sogar in die Hohe Tatra fahren zu lassen, weil sie sich plötzlich nach der Natur dort sehnen.

Jaromír Krejcar ist kein Prager. Als Sohn eines Försters ist er im niederösterreichischen Hundsheim großgeworden. Nach dem Tode des Vaters zog die Mutter nach Prag und machte in der Spálená einen Süßwarenladen auf, um ihrem Sohn, der zuerst eine Maurerlehre absolvierte, das Studium der Architektur zu ermöglichen. In der Klasse von Professor Kotěra gehörte Krejcar zu den besten Studenten, und später galt er als einer der begabtesten Architekten der Avantgarde. Gleich sein erster realisierter Bau, das mehrstöckige Büro-, Wohn- und Geschäftshaus »Olympic« in der Spálená, wurde wegen seiner beispielhaften Raumlösungen zum Prototyp der modernen Architektur in Prag.

Zu Milenas Hochstimmung in dieser Zeit trägt auch die neue Aufgabe bei, die sie neben der Arbeit für *Národní listy* übernommen hat. Zusammen mit ihrer alten Freundin Staša Jílovská, dem Karikaturisten Adolf Hoffmeister und dem Zeichner Vratislav Hugo Brunner, übernimmt sie im Herbst 1926 die Gestaltung der neuen anspruchsvollen Illustrierten *Pestrý týden*. Möglicherweise hätte Milena Jesenská hier ihr eigentliches Arbeitsfeld finden können, wenn sie dem Herausgeber nicht zu »links« gewesen wäre. Nach einem Jahr war ihre Zusammenarbeit mit *Pestrý týden* zu Ende. Aus Solidarität mit ihrer Freundin hat auch Staša Jílovská die Redaktion verlassen. Mit dem Karikaturisten Vratislav Hugo Brunner, einem bescheidenen und warmherzigen Menschen, verband Milena Jesenská aber auch später eine tiefe Freundschaft, die bis zu seinem frühen Tod im Jahre 1928 anhielt. In einem späteren Brief an Willi Schlamm wird sie ihn als den zweiten

Milena gezeichnet von V. H. Brunner Glückwunsch des Malers
»Ich sage es immer: Man erkennt auf den ersten Blick
eine rechtschaffene Frau und feine Natur.«

Die Redaktion von Pestrý týden; *von links nach rechts:*
Staša Jíloská, Milena Jesenská (am Telefon), Sekretärin
Helene Hollmann und V. H. Brunner, der Zeichner.

von drei Männern in ihrem Leben bezeichnen, denen sie »nicht fremd« war. Sowohl bei Brunner wie auch bei Kafka handelte es sich um platonische Beziehungen.

Noch in der Zeit ihrer Arbeit für *Pestrý týden* im Jahre 1927 haben Milena Jesenská und Jaromír Krejcar geheiratet. Nach ihrer Hochzeit ziehen sie in das alte Haus in der Spálená 33, wo Jaromírs Mutter den Süßwarenladen betreibt. Die Etage, die sie bewohnen, haben sie gründlich renoviert und mit modernen Möbeln ausgestattet. Jeden Samstag treffen sich in der Wohnung des jungen Ehepaares alle, die zur Avantgarde und ihrem Umfeld gehören. Heiße Würstchen, Milchkaffee und Croissants werden serviert. Für mehr reicht das Geld nicht. Immerhin werden aber die Würstchen in einer großen Schale aus Kristallglas angeboten. Milena ist eine erfindungsreiche Gastgeberin. Einmal beehrt sogar die höchste Autorität in Sachen Literatur die Wohnung mit ihrem Besuch, der Kritiker F. X. Šalda. Nach der Überlieferung sagt er bei dieser Gelegenheit zu Milena: »Junge Frau, Sie sind eine ausgezeichnete Journalistin, aber Gott behüte Sie davor, einmal ein Buch zu schreiben!«

Neben Jaromír fühlt sich Milena glücklich und sorgenlos. Sie hat das Gefühl, daß für sie jetzt das wirkliche Leben beginnt und sie bisher »nur von einem Provisorium zum anderen« gelebt hat, wie sie einer Freundin sagt. Eine Stelle aus einem Brief an Adolf Hoffmeister liest sich wie ein Bekenntnis: »Und ich bin jetzt zum ersten Male nach fünfzehn Jahren eines wirklich schlimmen Lebens glücklich; ich wundere mich, wie das Glück merkwürdig und ganz anders ist als die Vorstellungen darüber, ich bin wie gerettet, ruhig und voller guter Hoffnungen, wie gesäubert von den Spinngeweben kleiner Schmerzen und vollständig positiv in meinen Vorsätzen … Aber das Erste, was ich überhaupt will in dieser Wohnung und an diesem Schreibtisch, was ich mir vorgenommen habe, ist,

Milena Jesenská und Jaromír Krejcar 1926

redlich zu leben, Lügen zu meiden, keine einzige Unredlichkeit oder Unanständigkeit zu begehen, um die Beziehung zu meinem schönen, edlen, wunderbaren Mann nicht zu gefährden (...)«[8]

Zurückgerechnet, beginnen die fünfzehn unglücklichen Jahre, von welchen in dem Brief die Rede ist, genau im Todesjahr der Mutter.

Anfang 1928 steigt Milenas Glück ins Unermeßliche: Mit zweiunddreißig Jahren erwartet sie das langersehnte Kind. Während ihre Freundin Staša Jílovská gerade in dieser Zeit die schmerzhafte Trennung von ihrem Mann Rudolf Jílovský und die dramatische Liebe zu dem fünf Jahre jüngeren Adolf Hoffmeister erlebt, scheint Milena von allen Sorgen befreit. Aber auch bei ihr naht schon eine Katastrophe, über deren Verlauf es widersprüchliche Auskünfte gibt. Nach Jana Černá[9] hat sich Milena beim Skifahren – sie wollte ihrem Mann zeigen, daß ihr die Schwangerschaft nichts von ihrer Jugendlichkeit genommen hat – das Bein gebrochen und mußte wegen Komplikationen bis zur Geburt der Tochter, also einige Monate, im Krankenhaus bleiben. Nach Margarete Buber-Neumann[10] hat sich die hochschwangere Milena beim Baden in kalten Bergseen eine schwere Gelenkentzündung zugezogen. Ob sich Milena Jesenská beim Skifahren wirklich das Bein gebrochen hat oder, als erstes Krankheitszeichen, sich bei ihr im Frühjahr 1928 nur eine Gelenkentzündung bemerkbar machte, ist schwer zu sagen. Sicher ist jedenfalls, daß es ihr im Juni 1928 noch sehr gut ging, wie ein erhalten gebliebener Brief aus dem Böhmerwald vom 24. Juni 1928 an Staša Jílovská zeigt:

> Und ich wälze mich hier mit Honza über die Berge, bergauf schnaufe ich, bergrunter kullere ich, Honza protestiert und kriecht mir im Bauch wie eine Spinne hin und her. Ich bin froh, daß ich die Seewand erklimmen konnte wie nichts, bis auf das Schnaufen, und bin nun vorbereitet das Kleine loszuwerden … und mir es unter Gottes Licht anzuschauen. Es ist hier wunderbar schön, nicht zu beschreiben.[11]

Sehr wahrscheinlich noch auf Špičák, im Juli 1928, die Geburt wird im August erwartet, bricht bei Milena Jesenská plötzlich, vielleicht wirklich nach einem Bad in einem der Bergseen, eine schwere Gelenkentzündung aus. Sie bekommt hohes Fieber, ihre Gelenke, insbesondere das rechte Knie, schwellen an und werden steif. Jaromír Krejcar bringt sie eiligst nach Prag ins Krankenhaus und alarmiert Professor Jesenský. Die erwartete Geburt wird zu einer Sache auf Leben und Tod.

Im August 1928, kurz vor der Geburt, schreibt Krejcars Mitarbeiterin Augusta Müllerová an Jaroslava Vondráčková: »Aber heute kam die Nachricht aus dem Sanatorium, es ist wieder alles schlimmer geworden. Die Geburt kann gar nicht normal verlaufen, wegen der geschwollenen Beine. Sie werden, sagt man, einen Kaiserschnitt machen müssen ... Sláva, das Mädchen macht Fürchterliches durch, und man weiß nicht, wie alles ausgeht.«[12]

Am 14. August 1928 wird ein gesundes Mädchen, nicht der ersehnte Sohn geboren, und Milena bleibt am Leben. Aber die Gelenkentzündung hinterläßt Spuren. Das rechte Knie bleibt steif. Vergeblich versuchen die Ärzte, es wieder beweglich zu machen. Die Versuche sind mit großen Schmerzen verbunden, die sich nur unter Morphium ertragen lassen. Bald kann sich Milena das Leben ohne Morphium kaum mehr vorstellen.

Mehrmals in diesen kritischen Wochen stellt Professor Jesenský die Liebe zu seiner Tochter unter Beweis. Er ist ständig bei ihr, und als es einmal unter Narkose gelingt, ihr Knie zu bewegen, fällt er sogar dem behandelnden Arzt um den Hals. Als Milena mit ihm über ihre unsicheren Zukunftsaussichten spricht, schlägt er vor, das Kind zu sich zu nehmen und zu erziehen. Zu Jaromír Krejcar hat er in dieser Hinsicht kein Vertrauen. Milena lehnt den Vorschlag des Vaters strikt ab. Sie würde ihr Kind lieber ertränken, als es dem Vater anzuvertrauen, sagt sie im Beisein von Ernst Polak, als er sie im Krankenhaus besucht, zu Jaroslava Vondráčková.[13] Die Wunden in der Beziehung zwischen Vater und Tochter sind nur oberflächlich verheilt.

Noch Wochen nach der Geburt muß Milena Jesenská im Krankenhaus bleiben. Das Bewußtsein, daß sie, deren schöner harmonischer Gang so oft bewundert wurde, sich vielleicht bis zu ihrem Lebensende nur hinkend bewegen wird, bringt sie an den Rand der Verzweiflung:

> Ich kann doch nicht neben den zwei gesunden Menschen Honza und Jaromír ein Krüppel bleiben ... Werde ich, Ado, mit Euch so sein können, so wie ich es auf beiden Beinen war? Und wird er mich weiter lieben, nachdem ich das häßliche, schwarze, geschwollene Bein, das schreckliche Bein, nicht verbergen konnte und nichts von dem Elend des Kranken? Werde ich noch einmal wieder nach Gesundheit riechen und Feuerchen auf dem Feld machen? (...)
> Ich bin zum Tode traurig, ich bin wie ertrunken in schwarzem Wasser, ein Vierteljahr auf dem Rücken, ein Vierteljahr ohne Bewegung. Ich lebe nur von den Morphiumspritzen, wovon kaum jemand weiß und von deren Zahl niemand weiß und das, was ich für diese Quälerei bekam, reicht mir nicht mehr: Das Kind und das Bewußtsein, daß Jaromír ohne mich nicht weiter leben würde. Für beides lohnt es sich ohne Bewegung Monate zu liegen, aber darüber freuen kann man sich erst, wenn man wieder gesund ist. Ich bin in einem ständigen Rausch und wenn ich zu mir komme, empfinde ich nur Angst, Schmerz, und wieder Angst und eine schreckliche Ungeduld und Mißtrauen. Ich bin furchtbar alleine, ihr alle seid gesund ...[14]

Das volle Ausmaß der Tragödie Milena Jesenskás begreift man allerdings erst dann, wenn man weiß, daß ihre Gelenkentzündung gonorrhoischen Ursprungs war und es ihr eigener Mann war, der sie infiziert hat.

Noch im späten Frühjahr 1929 unternimmt Milena Jesenská in dem slowakischen Bad Pieštany den letzten erfolglosen Versuch, das steife Knie wieder beweglich zu machen. Jeden Tag wird das Knie auf einem speziellen Gerät gebogen. Die Schmerzen sind unerträglich, die ganze Prozedur vertieft nur Milenas Abhängigkeit vom Morphium. Einmal muß Jaromír das Morphium für Milena von Prag mit dem Flugzeug herbei-

Milena Jesenská im Sanatorium 1929

bringen. Solchen Belastungen ist Jaromír Krejcar nicht gewachsen. Die Beziehung zwischen ihm und Milena bekommt die ersten Risse.

Zu allen Sorgen, die Milena Jesenská schon hat, kommen bald auch Probleme mit ihrer Arbeit für die Frauenseite von *Národní listy* hinzu. Vom Krankenbett aus versucht sie, ihr Team zusammenzuhalten und ihre Arbeit, so gut es geht, weiterzumachen. Immer wieder erreichen ihre Hilferufe die Mitarbeiterinnen. Milena versteht es meisterhaft, auf die Menschen einzugehen, aber auch, sie für ihre Interessen einzuspannen, wenn sie es braucht. Der gekonnten Mischung aus Befehlen, Beschwörungen, Bitten und Lob kann sich kaum jemand erwehren. Und wenn sie jemandem direkt begegnet, kommt noch der nachdrückliche Blick ihrer blauen Augen hinzu. Der folgende Brief an die Mitarbeiterin Jaroslava Vondráčková ist ein Kabinettstück dieser Kunst Milenas:

> Liebe Sláva, Du mußt mir wieder helfen. Weißt Du, sie werfen mir vor, meine Rubrik in *Národní listy* ist nicht in Ordnung, und ich muß etwas tun, um sie wieder in Schuß zu bringen. Ich darf die Stelle nicht verlieren, und sehe ein, daß ich mehr arbeiten muß. Ich brauche in kürzester Zeit schöne Sachen, und so mußt du mir wieder helfen. Weißt Du, ich will eine neue Rubrik einführen »Die Frau in Kunst, Arbeit und Sport« und möchte, daß darin Frauen aus allen Schichten, Dienstmädchen, Arbeiterinnen, Krankenschwestern, Beamtinnen, Ärztinnen, Schauspielerinnen und so weiter zu Wort kommen. Sláva ich brauche es dringend, Du mußt es mir schreiben und ganz schnell. Dann sollst Du mir drei kurze Artikel schreiben über die Wohnkultur ... Schreibe mir einen Artikel darüber, wie Du zum Textildesign kamst, was Dir daran Spaß macht und welche Ziele Du verfolgst. Es kann und es muß auch ganz kurz sein, aber bei den Zielen könnte man viel Schönes über die Notwendigkeit von guten und billigen Stoffen sagen. Ich bitte Dich, Sláva, ich brauche es ganz dringend ... Ich liege immer noch, und das Bein schmerzt immer noch, die Fortschritte sind gering, meine ganze Geduld schöpfe ich aus den Morphiumspritzen, ich komme mir vor, wie auf dem Boden von irgendwas, was ich gar nicht überblicken kann. Ich weiß nicht mehr, wie die Welt aussieht, wenn man auf den Beinen steht. Unglücklich ist nicht das richtige Wort, kaputt komme ich mir vor und bin es auch.[15]

Und was tut Jaroslava Vondráčková, wenn sie einen solchen Brief bekommt? Sie schreibt, sie hilft, so wie sie es kann, und sie leiht Milena auch Geld, wenn sie es braucht. Obwohl sie weiß, daß sie es nicht zurückbekommt. Milena kann eben auch um Hilfe bitten.

Jaroslava Vondráčková
in ihrem Atelier um 1924

Der Teufel am Herd

Im Herbst 1929 kehrt Milena Jesenská langsam ins Leben zurück, hinkend, morphiumsüchtig und auch äußerlich verändert. Ihre jugendliche Schönheit ist dahin. Unförmig, wie es fast in allen Lebensbeschreibungen Milenas steht, ist sie allerdings nicht. Auf der Fotografie mit der etwa einjährigen Honza auf dem Arm, sind ihre Gesichtszüge zwar etwas härter, aber ihre Figur scheint wenig verändert zu sein. Auch auf dem

Bild mit Julius Fučík Anfang der dreißiger Jahre sieht sie noch gut aus. Matronenhaft und korpulent – die Neigung zur Leibesfülle liegt in der Familie, auch ihr Vater muß dagegen ankämpfen – wird sie erst Mitte der dreißiger Jahre.

Milena Jesenská kehrt zwar ins Leben zurück, aber das Hinken, das unbewegliche Knie wird bis zu ihrem Tod in Ravensbrück für sie ein Trauma bleiben. Noch mit Joachim von Zedtwitz wird sie über eine mögliche Heilung sprechen.

Zu allem Unglück gesellen sich jetzt auch berufliche Rückschläge. Milenas Arbeitsvertrag mit *Národní listy* wird aufgelöst, ihr Team ist während ihrer Krankheit auseinandergefallen. Für kurze Zeit faßt sie Fuß in der Redaktion der Tageszeitung *Lidové noviny*, wo sie die Rubrik »Baby« betreut. Aber so präsent wie auf den Seiten von *Národní listy* wird sie hier nicht. Ihre Artikel sind matter, weniger ausdrucksvoll. Man hat den Eindruck, als hätten sich die Impulse aus Wien, alles, was sie bisher getragen hat, erschöpft. Und Milena Jesenská beginnt auch die Grenzen zu spüren, die ihr auf der Frauenseite der Zeitung gesetzt sind. Sie hat genug vom »ewigen Plappern für die lieben Leserinnen«. Sie würde sich gerne anderen Themen widmen, sie ist schließlich nicht mehr die junge, euphorische Milena, sondern ein durch Krankheit gezeichneter Mensch. Nur sind die Aufgabenbereiche für Frauen in der Tagesjournalistik in dieser Zeit noch sehr eng bemessen. Die Frauenseite, das Feuilleton, vielleicht noch Reiseberichte, das sind die Bereiche, die ihnen offenstehen. Wirtschaft, Politik und Literaturkritik bleiben den Männern vorbehalten. Aber auch die stark eingeschränkte Arbeitsmöglichkeit in *Lidové noviny* bleibt Milena Jesenská nicht erhalten. Nachdem in der Zeitung ihr, unter einem Pseudonym verfaßter, Artikel über Drogen erscheint, der gute Kenntnisse der Materie beweist, wird sie entlassen. Die Leser der Zeitung auf dem Lande hat ihr offener Artikel empört.

Milena Jesenská mit Honza 1929

Anfang der dreißiger Jahre baut Jaromír Krejcar für den Bund der Privatbeamten in der Francouzská 4 in den Weinbergen ein großes Haus. In die oberste Etage, die er zu einer Art Penthouse ausbaut, ziehen er, Milena und die Tochter Jana ein. Jetzt kann Jaromír Krejcar seine Vorstellungen von modernem Wohnen auch für sich und seine Familie verwirklichen: Die Mitte der Wohnung bildet ein großer Wohnraum mit Kamin und großen Fenstern, die praktisch die Wände ersetzen. Vom

Gang aus, der um diesen zentralen Raum führt, sind die anderen Zimmer zugänglich. Um die ganze Wohnung herum erstreckt sich ein breiter Balkon, auf dem nicht nur für Blumen – Milenas hängende Gärten, nennen es die Freunde –, sondern auch für den Sandkasten der kleinen Honza genug Platz ist. Oberhalb der Wohnung liegt eine Dachterrasse, von der sich der Blick über ganz Prag eröffnet. Die Räume sind nur spärlich möbliert, die Wände weiß gestrichen. In der gleichen Etage richtet Jaromír Krejcar sein Büro ein.

Aber die schöne, von vielen Freunden bewunderte Wohnung, wie geschaffen für eine glückliche Familie, kann nicht darüber hinwegtäuschen, daß die Beziehung zwischen Milena Jesenská und Jaromír Krejcar bereits tiefe Risse aufweist. Der unbeschwerte »Tanz« der beiden ist zu Ende. Das Unglücksjahr 1928 erwies sich als eine zu starke Belastung. Jaromír Krejcar, der Lyriker am Bau, wie ihn seine Kollegen nennen, gehört nicht zu den Männern, die andere stützen können. Und letztlich steht auch über dieser Ehe die Frage, die sich schon in Milena Jesenskás erster Ehe mit Ernst Polak stellte: Wieviel sexuelle Freizügigkeit kann eine Ehe verkraften, ohne daran zu zerbrechen? Wo ist die Grenze, ab der die Untreue das Vertrauen zueinander zersetzt und ein Zusammenleben unmöglich macht?

Vorerst aber läuft alles wie früher. Die Gesellschaft aus der Spálená trifft sich nun in der neuen Wohnung. Es wird gefeiert und diskutiert. Die Umstände sind allerdings nicht mehr so wolkenlos wie früher. Die Weltwirtschaftskrise macht den Unterschied zwischen Arm und Reich mit neuer Deutlichkeit sichtbar und führt zu einer Verschärfung der Spannungen in der tschechoslowakischen Gesellschaft. Die jungen Architekten, die in den zwanziger Jahren um Devětsil gruppiert waren und jetzt der »Nachfolgeorganisation«, der »Levá fronta« (Linke Front), angehören, beginnen die Folgen der Krise an der schlechten Auftragslage zu spüren. Auch das Ehepaar Krejcar lebt bald über seine Verhältnisse. Nach dem letzten Erfolg Krejcars, dem ersten Preis im öffentlichen Wettbewerb um den Bau des Kurhauses in Trenčianské Teplice, das in den Jahren 1929–1931 realisiert wurde, hat er zwar weitere Entwürfe für Kurhäuser in Poděbrady und Karlsbad gemacht, die aber niemals gebaut wurden. Bei der Lebensweise der beiden, weder Milena noch Jaromír können wirtschaften, ist das letzte große Honorar bald verbraucht, zumal sie den bedürftigen Freunden genauso großzügig helfen, wie sie sich auch selbst Geld leihen.

Auch politisch wird die Situation für die linke Avantgarde komplizierter. Das Einschwenken der Kommunistischen Partei der Tschechoslowakei auf den Moskauer Kurs, das auf dem fünften Parteitag im Jahre 1929 vollzogen wurde, führt zu einer starken Polarisierung unter den linken tschechischen Intellektuellen. Und bis auf eine Gruppe von Katholiken stehen fast alle links, die in der tschechischen Kultur einen Namen haben. Während ein Teil der Künstler und Schriftsteller sich von dem neuen, zum stalinistischen Dogmatismus führenden Parteikurs öffentlich distanziert und aus der KPTsch austritt, machen die meisten, ursprünglich um Devětsil gruppierten Künstler zunächst mit. Zu dieser zweiten Gruppe gehören auch Milena Jesenská und Jaromír Krejcar.

Hier, an der Schwelle der dreißiger Jahre, werden in der tschechischen Kulturszene Weichen gestellt und Entscheidungen getroffen, die das kulturelle und politische Leben in der Tschechoslowakei bis tief in die sechziger Jahre beeinflussen werden und ihren Schatten auch auf viele Menschenschicksale werfen. Manchen, wie zum Beispiel Milenas Freund Záviš Kalandra, werden diese Auseinandersetzungen das Leben kosten. Die Spuren dieses alten Konfliktes zwischen der Treue zur Idee des Sozialismus als Befreiungstheorie einerseits und der Verpflichtung zum Gehorsam gegenüber der Kommunistischen Partei andererseits, die die Idee zum Dogma pervertiert, werden noch in den Diskussionen des Prager Frühlings wahrnehmbar sein.

Bei Milena Jesenskás Zuwendung zur Kommunistischen Partei spielen persönliche Gründe wohl die entscheidende Rolle. Die Krankheit, die sie für immer gezeichnet und ihr die weibliche Selbstsicherheit genommen hat, läßt Milena die Grenzen ihrer Kräfte erfahren und verstärkt ihr Bedürfnis, nützlich zu sein, irgendwo ganz dazuzugehören. In der Unterwerfung unter die Parteidisziplin sucht sie wohl auch den Halt, den sie in ihrer Ehe inzwischen verloren hat. »Ich bin der KPTsch beigetreten, aus dem Gefühl, noch etwas Nützliches auf der Welt tun zu können«, schreibt sie später der Schauspielerin Olga Scheinpflugová, der späteren Frau des Schriftstellers Karel Čapek.[16]

Ist Milena Jesenskás Weg in die Kommunistische Partei durch ihren Gerechtigkeitssinn, ihre Sensibilität für die Nöte der sozial Schwachen und ihre Neigung zum Radikalismus nahezu vorprogrammiert, so läßt sich auch voraussehen, daß ihr früher oder später die strenge hierarchische Organisation der Partei, der Zwang zur Unterwerfung unter die Parteidisziplin bis in die Privatsphäre hinein und die Reglementierung der eigenen Meinung unerträglich werden. Mit ihrem Eintritt in die Partei will sie sich in den Dienst der Ausgebeuteten und Unterprivilegierten stellen, wird aber feststellen müssen, daß sie einer Ideologie dienen soll, die diese Bedürfnisse je nach Bedarf definiert und dem Machtanspruch der Institution unterstellt. Diese Erfahrung der Diskrepanz zwischen der Idee des Sozialismus und der Parteipolitik wird Milena Jesenská mit vielen europäischen Intellektuellen teilen.

Vorerst aber hat Milena Jesenská keine Zweifel an ihrem Weg und will auch andere für die Ideen der Arbeiterbewegung gewinnen. Staša Fleischmannová, die Zwillingstochter ihrer besten Freundin Staša, erinnert sich an Milena Jesenská in diesen Jahren: »Als ich und meine Schwester etwa zwölf Jahre alt waren, meinte Milena, es wäre an der Zeit, uns politisch zu ›schulen‹. Und so kamen wir regelmäßig in ihre wunderschöne Wohnung und ihr Zimmer, wo nichts anderes als eine große Couch stand. Milena lag in der Mitte, wir zwei saßen auf der Kante. Der Raum hatte ein großes Fenster, die Wände waren weiß getüncht, über Milenas Kopf hing ein kleines Holzkreuz, die Erinnerung an ihre Mutter. Um Milena herum lag Wolle, sie strickte, manchmal spritzte sie sich Morphium und erzählte uns über die Manufakturen in Manchester oder über die Oktoberrevolution. Und wenn sie den Eindruck hatte, wir hätten genug, schickte sie uns auf den Balkon in den Sandkasten zu Honza. ›Selbstkritisch‹ muß ich zugeben, daß ich von dieser Schulung in meinem Kopf nichts behielt. Milena beeinflußte mich durch etwas ganz anderes ... Sie beeinflußte mich durch die Leidenschaft, mit der sie ihre Vorstellungen vertrat, durch ihre Spontaneität und Schlichtheit, durch ihre selbstverständliche Bereitschaft, alles zu opfern.«[17]

Nach ihrer Trennung von *Národní listy* und *Lidové noviny* redigiert Milena Jesenská in den Jahren 1932–33 die Zeitschrift für modernes Leben *Žijeme* (Wir leben), und nachdem sie auch hier aufgrund ihrer linken Gesinnung nicht bestehen kann, schreibt sie in zunehmenden Maße auch für die kommunistische Presse. Als linke Gesinnungsgenossin bekommt sie aber auch praktische Aufgaben. Die Neuorientierung der KPTsch, die jetzt viel schärfer als früher den Staat und die Regierung angreift, hat zur Folge, daß die Partei in die Halbillegalität gerät. Viel häufiger als früher werden jetzt die Funktionäre der Partei verhaftet und zu kurzen Haftstrafen verurteilt. Und so dient die Wohnung auf den Weinbergen nicht selten als Unterschlupf für gerade gesuchte Funtionäre der KPTsch. Auch

Klement Gottwald, der Sekretär der KPTsch, nach 1948 der erste »Arbeiterpräsident«, sollte sich einmal bei Milena Jesenská versteckt halten.

In dem linken Milieu lernt sie auch den, 1943 in Berlin-Plötzensee hingerichteten, kommunistischen Journalisten Julius Fučík kennen, mit dem sie eine längere Freundschaft und allem Anschein nach auch eine kurze und heftige Liebesbeziehung verbindet.[18] Für den »Nachruhm« Milena Jesenskás wird diese Episode weitreichende Folgen haben. Die Witwe Fučíks, Gusta Fučíková, wird nach dem Krieg wesentlich dazu beitragen, daß Milena Jesenská totgeschwiegen und als »Renegatin« verunglimpft wird.

Milena Jesenská betätigt sich allerdings nicht nur als Erfüllungsgehilfin der Partei. Als 1932 in Brüx in Nordwestböhmen ein großer Streik ausbricht, initiiert und organisiert sie eine Hilfsaktion für die Kinder der streikenden Arbeiter und vermittelt ihnen Aufenthalte in Prager Familien. Gekonnt und geschickt läßt sie dabei ihre Zugehörigkeit zur Prager Bourgeoisie spielen.

Bei einer der zahlreichen Hilfsaktionen, die Milena Jesenská unternimmt, lernt sie Evžen Klinger kennen, einen Funktionär der slowakischen Kommunistischen Partei, der polizeilich gesucht wird und lungenkrank in einer Kellerwohnung dahinvegetiert. Milena ist erschüttert, als sie ihn im Auftrag der Partei besucht. Sie bringt ihn zum Arzt und nimmt ihn zu sich in die Wohnung, um ihn gesund zu pflegen. Dann passiert, womit sie nicht gerechnet hat: Der zehn Jahre jüngere Mann verliebt sich in sie.

Inzwischen hat sich Jaromír Krejcar entschlossen, als Architekt in die Sowjetunion zu gehen. Es ist ein Weg, den schon viele vor ihm gegangen sind. Für die linken Intellektuellen ist es eine wichtige Aufgabe, beim Aufbau des ersten sozialistischen Staates zu helfen. Krejcar hofft auf größere Aufgaben,

Milena Jesenská mit Julius Fučik
in Prag Anfang der dreißiger Jahre

will aber wohl auch seinen hohen Schulden entfliehen. Zunächst ist geplant, daß die ganze Familie umzieht; denn die inzwischen schulpflichtige Honza soll eine sozialistische Schule besuchen. Letztlich entscheidet sich aber Milena Jesenská, mit Honza in Prag zu bleiben, und Jaromír Krejcar fährt alleine in die Sowjetunion. Seine Abreise bedeutet das faktische Ende einer Ehe, die sieben Jahre zuvor mit so großen Hoffnungen und so viel Liebe geschlossen wurde.

4

Liebesbriefe an Mitteleuropa

Die Kommunistin

Nach der Abreise Jaromír Krejcars in die Sowjetunion löst Milena Jesenská die Wohnung in den Weinbergen auf und zieht mit ihrer Tochter Honza in eine kleine Wohnung in der Straße Horní Stromky 9 in dem gleichen Stadtviertel. Mit welchem Gefühl wohl? Vom Glanz ihres Lebens in den zwanziger Jahren, von ihren Erfolgen als Journalistin ist fast nichts übriggeblieben.

In den neuen Lebensabschnitt begleitet Milena Jesenská Evžen Klinger. Daß sie hinkend und süchtig doch noch die Liebe und Achtung eines Mannes zu wecken vermochte, hatte Milena nicht erwartet. Sie leidet nach wie vor sehr unter ihrer Verkrüppelung, an die sie buchstäblich bei jedem Schritt erinnert wird. »(...) und immer bin ich noch da ..., obwohl ich heute nur halb bin, weil ein Mensch wie ich keine Sekunde vergessen kann, daß er hinkt (...)«, schreibt sie an die Schauspielerin Olga Scheinpflugová.[1]

Milenas Tätigkeit in der Kommunistischen Partei führt zu einem schweren Zerwürfnis mit ihrem Vater. Jaromír Krejcar, den »unverantwortlichen Luftikus«, konnte er gerade noch akzeptieren, er war immerhin ein Tscheche. Später bemühte er sich sogar, dem jungen Architekten zu Aufträgen zu verhelfen. Aber die Begeisterung seiner Tochter für die kommunistischen Ideen ist das Schlimmste, was der Nationaldemokrat Jesenský sich vorstellen kann. Dazu kommt, daß sie wieder mit einem Juden zusammenlebt. Professor Jesenský, immer noch aufbrausend und unberechenbar, verbietet seiner Tochter einfach das Haus. In den nächsten Jahren wird die Verbindung zwischen Vater und Tochter nur die kleine Honza aufrechterhalten. Ob sie will oder nicht, sie muß jede Woche am Samstag den Großvater besuchen. Darauf besteht Milena Jesenská mit einer Härte und Unnachgiebigkeit, die fast an ihren Vater erinnert. Genauso wie früher kann Professor Jesenský auch diesmal Milena nicht von ihrem Weg abbringen. Bedingungslos setzt sie ihre Feder in den Dienst der Kommunistischen Partei, in einer Zeit, in der viele ihrer Freunde aus der tschechischen Avantgarde sich schon von der Partei abwenden.

In den Jahren 1933 bis 1936 arbeitet Milena Jesenská überwiegend für die Partei-Illustrierte *Svět práce* (Welt der Arbeit), wo sie ihre Erfahrungen aus der Zeit bei *Pestrý týden* einbringen kann. Zusammen mit Evžen Klinger, der Ungarisch kann, versucht sie, wieder zu übersetzen, denn die kommunistischen Zeitungen sind arm und zahlen ihre Autoren entsprechend schlecht. So wird sie auch das Buch von Josef Kalmer *Äthiopien, Herd der Unruhe* ins Tschechische übertragen. Es ist der gleiche Josef Kalmer, der sich ihrer einmal in Wien angenommen hatte.

Milenas Drogensucht belastet noch zusätzlich das knappe Familienbudget. Aber ohne das Hustenmittel Decodit, das das Morphiumderivat Codein enthält, kann sie nicht leben. Die Stimmung in der Familie hängt von dem Inhalt des kleinen Kännchens auf dem Küchenschrank ab, wo das Mittel aufbewahrt wird. Auch Honza wird oft herumgeschickt, um das rezeptpflichtige Medikament zu besorgen.

Was ihre äußeren Lebensumstände anbelangt, wird Milena Jesenská in diesen Jahren zur Proletarierin. Ihre Tochter sieht die früher so elegante Mutter jahrelang in demselben blauen Kleid mit weißem Kragen. Wo sind die Zeiten, als sie ihren Leserinnen die abknüpfbaren weißen Kragen als besonders apart und weiblich empfahl! Der Widerspruch zwischen der

Milena Jesenská Anfang der dreißiger Jahre

bürgerlichen Lebensweise und der revolutionären Gesinnung, an dem die intellektuelle Linke schon immer krankte, ist bei ihr jetzt aufgehoben. Der Preis, den Milena Jesenská dafür zahlt, ist hoch. Ihre Artikel aus dieser Zeit wirken bemüht, sind voll von falschem Optimismus und doch letztlich langweilig, weil ihnen die frühere tiefe Wahrhaftigkeit, die Identifikation der Autorin mit dem Thema fehlt. Sehr wahrscheinlich merkte Milena Jesenská am Anfang gar nicht, daß sie ihre Feder in den Dienst einer Ideologie stellte, als sie für die Rechte des einfachen ausgebeuteten Menschen eintreten wollte.

Wer sonst, wenn nicht die Kommunistische Partei, soll die Interessen der Armen vertreten? So hat es sich Milena Jesenská wenigstens vorgestellt. Es ist nur eine Frage der Zeit, bis sie ihren Irrtum entdeckt.

Der Zwang zur einheitlichen Meinung wird in der KPTsch der dreißiger Jahre immer spürbarer. Jede abweichende Meinung von der gerade geltenden Parteilinie wird mit Parteistrafen geahndet. Widerwillig zwar unterwerfen sich dennoch viele den Ritualen der Geständnisse und Vergebung. In Konflikt mit dem Zickzackkurs der Kominterna gegenüber dem Faschismus geraten auch Milenas Freunde Záviš Kalandra und Kurt Konrad. Nach dem Zeugnis von Fritz Beer[2] behält Milena Jesenská auch in dieser Situation einen klaren Kopf und Mut.

1936 kommt es in der Redaktion der Partei-Illustrierten *Svět práce* zu einem Eklat. Nachdem Evžen Klinger »der trotzkistischen Abweichung« bezichtigt und aus der Partei ausgeschlossen wird, verlangt der Chefredakteur der Zeitung *Kopřiva* von Milena Jesenská die Trennung von ihrem Lebensgefährten. Das ist für Milena zuviel. Die Ideologie sollte mehr sein als die Beziehung zu einem Menschen? Nie! Sie überlegt nicht lange, versetzt dem Chefredakteur eine Ohrfeige, nimmt ihre Tasche und schlägt die Tür hinter sich zu. So wie in der Zeit der Beziehung zu Franz Kafka sind für sie auch jetzt zwei Stunden Leben mehr als zwei Seiten Schrift, der Mensch wichtiger als die reine Lehre.

»Ich konnte nicht mehr, ich konnte es nicht mehr aushalten. An einem Tag war etwas weiß, am anderen das gleiche schwarz, und immer war richtig nur das, was die Partei gerade vertrat«, wird Milena Jesenská einmal zu ihrer alten Mitarbeiterin aus der Zeit bei *Národní listy* Rokyta Illnerová-Kučerová sagen.[3]

Milena Jesenská weiß genau, daß sie durch diesen Schritt

ihre Existenz aufs Spiel setzt. Denn für wen soll sie schreiben, wenn ihr nun auch die kommunistische Presse verschlossen ist? Die bürgerlichen Zeitungen haben sie als Journalistin längst abgeschrieben.

Im Vergleich zu ihren früheren Gefährten ist Evžen Klinger eher leise und unauffällig in das Leben von Milena Jesenská getreten. Und doch scheint es, daß sie in dieser Beziehung ihrer Vorstellung von einer Lebensgemeinschaft zwischen Mann und Frau, wie sie es in ihrem Feuilleton »Der Teufel am Herd« dreizehn Jahre zuvor beschrieben hatte, am nächsten kam:

> (...) ebensowenig, wie man von einem blonden Menschen verlangen kann, daß er gleichzeitig – etwa dienstags und freitags der Abwechslung halber – dunkle Haare hat, ebensowenig kann man von einem Pedanten verlangen, daß er gern Shimmy tanzt, von einem Dummkopf, daß er Kierkegaard versteht, von einem melancholischen Menschen, daß er Liedchen singt, von einem Eigenbrötler, daß er eine Soiree gibt.
>
> Das ist eine einfache Rechnung, und es ist seltsam, daß wenige Menschen sie verstehen. Gewöhnlich werfen die Menschen einander gerade das vor, was das Wesen des Innenlebens beim andern ausmacht und kommen gar nicht auf den Gedanken, daß es die Aufgabe gerade der Ehe sei, das Wesen des andern zu ertragen und sogar so zu ertragen, daß der andere sich berechtigt fühlt, der zu sein, der er ist. Was ein Mensch vom andern erstrebt, ist schließlich immer nur eine Bestätigung seiner selbst. Ein Beweis, daß er geliebt wird, obwohl. Ein solches »Obwohl« hat jeder von uns, und deshalb ist er eben unglücklich. Nie werde ich glauben, daß Menschen nur aus Gründen sexueller, erotischer, pekuniärer, sozialer Notwendigkeit zusammenleben, Menschen leben zusammen, um einen Freund zu haben.

Um jemanden zu haben, bei dem sie von Strafe, Rache, schlechter Meinung, Ungerechtigkeit, bösem Gewissen verschont bleiben. Oder glaubt ihr wirklich, ein Heim sei etwas anderes und habe andere Aufgaben als den Menschen zu schonen, zu schonen und nochmals zu schonen, vor der Welt und hauptsächlich vor dem inneren Spiegel seiner Selbst? Das größte Versprechen, das der Mann der Frau und die Frau dem Manne machen kann, ist jener tiefe Satz, den man Kindern lächelnd zu sagen pflegt: *Ich geb dich nicht her.* Ist das nicht mehr als: »Ich werde dich lieben bis in den Tod« und als »Ich bleibe dir treu bis in den Tod«? Ich geb dich nicht her. Darin liegt alles. Anständigkeit von Mensch zu Mensch, Aufrichtigkeit von Mensch zu Mensch, Heim, Treue, Zugehörigkeit, Selbstentscheidung, Freundschaft. Wie unermeßlich sind solche Versprechen, verglichen mit einem miserablen, schäbigen Glück![4]

Auch die Tochter Milenas, Jana Černá, und Zeitzeugen berichten über Evžen Klinger viel Gutes. So schreibt auch Staša Fleischmannová-Jílovská in ihren Erinnerungen: »Evžen Klinger haben wir gleich ins Herz geschlossen. Es schien uns, daß er von allen Lebensgefährten Milenas der erste war, der wirklich zu ihr paßte. Evžen war ein begabter Journalist, intelligent, empfindlich. Er konnte Milena in der neuen schweren Situation helfen.«[5]

1936 kehrt Jaromír Krejcar aus der Sowjetunion zurück. Er und Milena Jesenská sind inzwischen geschieden, Jaromír Krejcar bereits wieder verheiratet. Trotzdem sind Milena und er Freunde geblieben.

Es sind keine guten Erfahrungen, die Krejcar in der Sowjetunion gemacht hat. Er bestärkt nur Milenas eigene Zweifel. Sein Projekt eines Erholungsheimes für Arbeiter im Kaukasus ist nicht realisiert worden, die bürokratischen Hürden waren zu groß. Als viel deprimierender empfindet er aber den wachsenden ideologischen Druck, die Gleichschaltung der Kunst und Literatur, den Feldzug gegen die Moderne, die Atmosphäre des Mißtrauens und der Verdächtigungen, die sich überall breitmachen, die vielen Verhaftungen und Hinrichtungen. Auch der erste Mann seiner Frau Riva wurde hingerichtet. Jaromír Krejcar wurde in der Sowjetunion mit den Anfängen des Stalinismus konfrontiert. Bald danach folgt das Schockerlebnis der Moskauer Prozesse mit den vielen Todesurteilen und unbegreiflichen Schuldbekenntnissen. Einer ganzen Generation der Linken geht der Glaube an die Sowjetunion als ihre eigentliche Heimat verloren. Aber viele können sich von ihrem Glauben, von ihrem Ideal nicht trennen. »Das Übel gedeiht nie besser, als wenn ein Ideal davorsteht«, schrieb einmal Karl Kraus.[6]

Milena Jesenská bricht jetzt definitiv mit der Partei. So leidenschaftlich, wie sie bisher die Sowjetunion verteidigte, warnt sie jetzt vor den Gefahren der dogmatischen Verengung der sozialistischen Idee. Aber die Erfahrungen, die ihre Generation gemacht hat, lassen sich der nächsten nicht so leicht vermitteln.

Man kann heute nicht mit letzter Sicherheit sagen, ob Milena Jesenská aus der Partei ausgeschlossen wurde, selbst austrat oder sogar nie ein eingeschriebenes Parteimitglied war. Möglicherweise gehörte sie zu den sogenannten »distanzierten« Mitgliedern, die aus konspirativen Gründen nicht in der Mitgliedskartei geführt wurden.

Der Bruch mit der Kommunistischen Partei bedeutet allerdings nicht, daß Milena Jesenská zu einer fanatischen Antikommunistin wird, wie so viele der von der kommunistischen Bewegung Enttäuschten, ihre spätere Freundin Margarete Buber-Neumann eingeschlossen. Ihre Kritik an der Kommunistischen Partei bleibt, wie ihr späterer Artikel »Was bleibt übrig aus der KPTsch« zeigt, hart und grundsätzlich, in ihrem Kern aber immer sachlich und voller Verständnis für die einfachen Parteimitglieder. Sie hat es nicht nötig, Rache aus Enttäuschung zu üben, weil sie nie an der Ideologie als einem sinnspendenden Tropf hing.

Nach der Trennung von der Kommunistischen Partei erlebt Milena Jesenská eine Zeit extremer existentieller Not und einer tiefen persönlichen Krise. In diesem Zustand erleben sie in Prag Henry und Frieda Jakoby, Freunde von Alice Gerstel, die auf dem Wege in die Emigration bei Milena in ihrer neuen Wohnung in der Kouřimská kurze Zeit wohnen. Frieda Jakoby soll den Haushalt führen. In einer gereizten Atmosphäre kommt es bald zu einem Eklat zwischen den beiden Frauen, und das Ehepaar Jakoby verläßt die Wohnung.

In einem Brief an die Schauspielerin Olga Scheinpflugová vom Januar 1937 schildert Milena Jesenská ihre verzweifelte Lage:

> Seit August plage ich mich mit Arbeitslosigkeit und Krankheit – ich habe eine Nierenentzündung, und jetzt endlich bekam ich Übersetzungen für Sphinx und Melantrich*, so daß ich endlich etwas Arbeit habe. Nur das Geld bekomme ich selbstverständlich erst nach der Abgabe der Übersetzung. Und ich stehe hier ohne einen Heller, wirklich, Olga, heute habe ich kein Geld, um etwas zu essen zu kaufen. Ich helfe mir so, daß ich einfach Menschen bitte, mir zu helfen – was kann ich anderes tun?
> Zum Vater darf ich nicht, der hat mir das Haus verboten. Und so komme ich zu Dir, Olga, weil ich weiß, daß du nicht kleinlich bist und vielleicht begreifen kannst, wie ich mich herumschlage und wie ich kämpfe.
> Ich *muß* zu irgendeiner regelmäßigen Arbeit kommen,

*Prager Verlage in dieser Zeit.

sonst ende ich wie Fritz Feuerstein.* Ich muß wieder hochkommen. Ich muß Arbeit finden (...)
Die Miete habe ich nicht gezahlt, und mir droht die Kündigung. Ich habe keinen Strom und sie drohen, mir auch das Gas abzustellen. Und in der Wohnung ist nur ein Gasherd.[7]

Ähnliche Bittbriefe hatte vor fast hundert Jahren auch die große tschechische Schriftstellerin Božena Němcová verfaßt.

»Freunde zu haben – zwei, drei Menschen, zu denen man kommen kann, schwach, niedergeschlagen, arm und verkrüppelt –, und schon bin ich reich«, hat Milena Jesenská einmal geschrieben. Sie ist so reich. Miloš Vaněk hat ihr schon im Jahr zuvor die Möglichkeit gegeben, unter Pseudonym für das sozialdemokratische Blatt *Právo lidu* zu schreiben. Záviš Kalandra richtete in der Zeitschrift *Světozor* eine kleine Moderubrik für sie ein. Und es helfen auch andere – selbst der Vater schickt ihr jetzt jede Woche einen Scheck, wenn ihn Honza am Samstag besucht. Zum Leben reicht es trotzdem kaum. Nicht nur deshalb, weil Milena nicht wirtschaften kann, sondern zum großen Teil auch, weil sie, wenn sie Geld hat, gleich wieder anderen hilft, zum Beispiel Jaromír Krejcar, der sich, inzwischen herzkrank, nur mühsam durchschlägt und kaum Arbeit findet. Auch der kommunistische Journalist Stanislav Budín erlebt, nachdem er mit seiner Frau aus der Partei ausgeschlossen wurde, Milenas Solidarität: »Wir standen am Rande des Abgrundes, unser ganzes bisheriges Leben brach zusammen. Mit Ausnahme von wenigen Menschen, wie Milena Jesenská, E. F. Burian und ein paar alten Freunden ... hielten uns alle für Verräter.«[8]

In dem Brief an die Schauspielerin Olga Scheinpflugová, in dem Milena Jesenská ihre verzweifelte Lage schildert, wird

*Bedřich Feuerstein (1892–1936), ein bedeutender Architekt der tschechischen Avantgarde und Bühnenbildner, nahm sich 1936 das Leben.

aber auch deutlich, daß sie, ähnlich wie vor Jahren in Wien, neue Kräfte sammelt und ihren ganzen Willen mobilisiert, um aus dieser Lage wieder herauszukommen. Sie entscheidet sich auch für eine Entziehungskur.

Am 2. Februar 1937 bringt sie ihr alter Freund Jiří Foustka in die psychiatrische Anstalt in Prag-Bohnice. Am 12. Februar verläßt sie die Klinik, von der Drogensucht befreit – als ob sie wüßte, daß sie sich in der Zeit, die ihr bevorsteht, den »Luxus« der Drogenabhängigkeit nicht wird leisten können. »Sie verhielt sich heldenhaft«, bemerkt der behandelnde Arzt in seinem Bericht. In der Anamnese steht die überraschende Anmerkung, daß auch Professor Jesenský mitunter morphiumsüchtig war. Milena Jesenská ist vorbereitet, neue Aufgaben zu übernehmen.

Přítomnost

Die Zusammenarbeit Milena Jesenskás mit der Wochenzeitschrift *Přítomnost* (Gegenwart) begann sehr wahrscheinlich schon im Jahre 1936. Es konnte sich allerdings nur um kleine, nicht unterzeichnete Beiträge handeln, denn in dem Verzeichnis der Autoren in diesem Jahrgang findet man ihren Namen nicht. 1937 bietet ihr Ferdinand Peroutka, der Chefredakteur der Zeitschrift, eine feste Stelle in der Redaktion an. Die beiden kennen sich noch von der Arbeit für die *Tribuna* und *Lidové noviny*. Ferdinand Peroutka ist ein hervorragender politischer Journalist, ein liberaler, überzeugter Demokrat und ein nobler Mensch; und er weiß Jesenskás journalistische Fähigkeiten zu schätzen. Nach ihrer Trennung von der Kommunistischen Partei sieht er keinen Grund, ihr die Zusammenarbeit mit seiner Zeitung nicht anzubieten, obwohl es nicht so lange her ist, daß Milena Jesenská seine Zeitschrift in der kommunistischen Presse angegriffen hat.

In der Redaktion von *Přítomnost* bekommt Milena Jesenská endlich eine Aufgabe, die ihren Fähigkeiten entspricht: aktuelle politische, gründlich recherchierte Reportagen zu schreiben. Endlich ist sie das ewige »Plappern über die Mode« los, endlich kann sie ihren politischen Verstand und ihre Fähigkeit, das Allgemeine mit dem Konkreten zu verbinden, voll entfalten. Es ist allerdings nicht nur Peroutkas Großzügigkeit, die das möglich macht, es ist auch die Zeit, die nach einer solchen Form geradezu verlangt.

Vier Jahre schon regiert in Deutschland der Nationalsozialismus; und die Nachbarstaaten bekommen langsam die Bedrohung zu spüren, die von ihm ausgeht. Seit Hitlers Machtübernahme ist Prag zu der geheimen Hauptstadt der antifaschistischen deutschen Emigration geworden. Auch die regen Kontakte zwischen dem Bauhaus und der tschechischen Avantgarde bewähren sich inzwischen als rettende Pfade für deren Lehrer, die jetzt als Repräsentanten der »entarteten Kunst« gelten. Die demokratische Tschechoslowakei nimmt die Flüchtlinge auf und versucht, ihnen nach Kräften zu helfen. Besonders aktiv sind dabei die tschechischen Intellektuellen, deren Hilfskomitee immer wieder versucht, die Not der Emigranten zu lindern und auf ihre Probleme aufmerksam zu machen. So ist es auch kein Zufall, daß eine der ersten Reportagen Milena Jesenskás in *Přítomnost*, »Gestrandete Menschen«, der Not der politischen Flüchtlinge aus Deutschland gewidmet ist. Das Flüchtlingselend stellt für das damalige Europa eine völlig neue Erfahrung dar:

> Das Tagewerk des Reporters ähnelt häufig dem einer Hyäne. Mit dem Notizbuch in der Hand zieht er umher und notiert sich menschliches Elend, um in den Zeitungen davon zu berichten. Wenn er dies ohne ein Fünkchen Hoffnung tut, daß seine gedruckten Worte helfen

> können, ist er nicht einmal einen Händedruck wert. Dieser Hoffnung wegen entschuldige ich mich bei allen, die ich in den letzten Tagen in ihren Schlupfwinkeln aufgesucht habe, für meine Neugier und meine Fragen, die ihnen schmerzlich und zudringlich erschienen sein müssen.[9]

Im Jahre 1937 kann sich Milena Jesenská auch noch anderen Themen, wie den Problemen der Jugend, des Schulwesens oder der berufstätigen Mütter widmen. Die tschechoslowakische Gesellschaft spürt zwar die Gefahr, die der Nationalsozialismus darstellt, fühlt sich aber noch nicht unmittelbar in ihrer Existenz bedroht. Das ändert sich schlagartig mit dem Anschluß Österreichs im März 1938. Die Umklammerung der Tschechoslowakei durch das nationalsozialistische Regime ist fast vollständig. Spätestens jetzt wird jedem klar, daß die deutschen Emigranten nur Vorboten des Unheils waren, das über Europa heraufzieht.

In einem kleinen, undramatischen Ereignis, das Milena Jesenská im Alltag registriert, wird das Ausmaß der Bedrohung sichtbar:

> In einer friedlichen ruhigen Straße auf den Weinbergen hat mich ein Mensch angesprochen. Er war zerlumpt und elend, aber er bettelte nicht. Selbst zu einer Bitte braucht ein Jude Mut, nachdem er die »Befreiung Österreichs« erlebte. –»Sprechen Sie Deutsch?« – »Ja.« – »Sind Sie Jüdin?« – »Nein.« Es war sicher diese merkwürdige Ansprache, die mich dazu brachte, zurückzukehren hinter seinem enttäuschten Rücken, weil mir klar wurde, daß dieser Mensch sich nicht traute, jemanden um Hilfe zu bitten, der kein Jude ist – und das mitten in Prag, mitten in Europa an einem sonnigen Nachmittag des Jahres 1938.[10]

Der Anschluß Österreichs erhöht auch die Spannungen in den von Deutschen besiedelten Grenzgebieten der Tschechoslowakei. Die Sudetendeutsche Partei des Turnlehrers Konrad Henlein betreibt inzwischen ganz offen ihre Abtretung an das Dritte Reich. Mehrmals bereist Milena Jesenská im Frühjahr und Sommer die Grenzgebiete Böhmens, um sich an Ort und Stelle ein Bild von der Situation zu machen. Es sind keine ungefährlichen Reisen für eine nicht ganz gesunde Frau. Aber sie besteht darauf und findet zu den Menschen dort auch Kontakt. Das umfangreiche Material, das sie aus Nordböhmen mitbringt, verarbeitet sie in der zweiteiligen Reportage »Es wird keinen Anschluß geben«, die am 25. Mai und 1. Juni 1938 in *Přítomnost* erscheint. Milena Jesenskás reifer Stil hat hier einen seiner Höhepunkte erreicht. Ihr Bericht ist engagiert, aber sachlich und klar, genau recherchiert und brillant geschrieben, ohne ein überflüssiges Wort. Die politische Analyse und die Aufmerksamkeit für das konkrete Schicksal des einzelnen ergänzen sich gegenseitig. Sie bezieht eine eindeutige Position, ist aber gerecht. Ihre Kritik macht nicht Halt vor den Versäumnissen der tschechischen Nationalitätenpolitik.

> Bekanntermaßen leben hier im Norden Deutsche. Deutsche durch und durch, sie können kein Tschechisch, sind hier zu Hause und reden deutsch. Vor dem Jahr 33 lebten hier dennoch deutsche und tschechische Gendarmen sowie Zollbeamte in absolutem Frieden und bestem Einvernehmen miteinander. Die Deutschen kamen auf ein Bier nach Böhmen und unsere gingen nach Deutschland rüber. Sie kannten einander und der Umgang war höflich. Nach dem Sieg Hitlers hat sich das über Nacht geändert (...)
> Das Grenzgebiet war schon immer eine Industrieregion, die empfindlich auf alle wirtschaftlichen Schwankungen reagierte. Entstand irgendwo anders eine Krise, so ver-

stärkte sie sich hier um ein Vielfaches. Sind zum Beispiel im Landesinneren die Leute schon drei Jahre arbeitslos, so sind sie es hier seit sechs Jahren. Arbeitslose Fabrikarbeiter bekommen hierzulande zehn Kronen pro Woche und täglich eine Suppe – diese Suppe lassen sie kalt werden, damit obendrauf eine schmutziggraue Fettschicht entsteht, die sie gierig abschöpfen und ihren Kindern zu Hause als Brotaufstrich mitbringen. (...)
Die Textilfabriken haben viel geringeren Absatz als früher, denn sie waren zum großen Teil auf Kurzwaren ausgerichtet, und die Besitzer der Kurzwarenhandlungen sind Juden. Die Juden aber bestellen keine Ware mehr, denn ihre Geschäfte sind leer, und die Vorräte liegen unangetastet in den Regalen. Vor der Tür stehen Henleinwachen – Nazijugend – und notieren oder fotografieren jeden, der hineingeht. (...)
In einem Ort sprechen die eigenen Brüder schon seit sechs Jahren nicht mehr miteinander. Anderswo wiederum ist der Vater Tscheche, die Mutter Deutsche – und die Kinder sind in der Henleinjugend. Daheim »boykottieren« sie den Vater. Wenn Kinder gemischtnationaler Familien in die tschechische Schule gehen, sprechen die deutschen Kinder aus der ganzen Siedlung nicht mehr mit ihnen. (...)
In kleineren Ortschaften hat die Henleinjugend die Stadt nach einzelnen Blöcken unterteilt, und die Jungens überwachen dort die Häuser. Sie schreiben jeden auf, wer wen besucht, und vor allem, wer welche Zeitungen abnimmt.
Fünf Jahre lang haben wir in dieser Atmosphäre fast nichts zur Unterstützung derjenigen Leute im deutschen Lager unternommen, die sich dem Faschismus widersetzten. Ja, in den ganzen fünf Jahren – nicht einmal in den letzten Monaten – hat keiner von uns eine der grundlegenden Wahrheiten zu erkennen vermocht, eine Wahrheit, die über das

Schicksal Europas mitentscheiden wird: daß nämlich Deutscher nicht gleich Deutscher ist.[11]

In den Artikeln Milena Jesenskás bleibt die Atmosphäre der Zeit im Vorfeld des Münchner Abkommens in ihrer ganzen Aktualität und Tragik erhalten und auch für den heutigen Leser nachvollziehbar. Bei der Lektüre wird man in das Geschehen hineingezogen, als wäre es noch immer Gegenwart. Wofür Milena Jesenská in ihren Artikeln so leidenschaftlich kämpft, ist das alte Mitteleuropa mit seinem Miteinander, Füreinander, Nebeneinander und auch Gegeneinander von Slawen, Deutschen, Juden und Ungarn. Als wüßte sie, daß ohne den Mehrklang seiner Völkerschaften dieser Raum einiges von seinem Wesen verlieren würde.

Milena Jesenská hat in diesen Monaten kein Privatleben mehr. Und doch lebt sie so intensiv wie nur selten in ihrem Leben. Ihre Existenz geht fast auf im Schreiben, im Verfolgen der politischen Ereignisse und ihrer Wirkung auf die Menschen. Sie wird gebraucht, sie hat ihren Platz gefunden; dieses Gefühl wird sie noch in ihren letzten Jahren im Konzentrationslager Ravensbrück tragen. Oft unterschreibt sie ihre Artikel mit dem tschechischen Allerweltsnamen Marie Kubešová. Auch damit drückt sie ihre Identifikation mit den Menschen in der bedrohten Tschechoslowakischen Republik aus, dem letzten demokratischen Staat in der Mitte Europas. Und sie wird verstanden. So, wie in den zwanziger Jahren ihre Leserinnen ungeduldig auf ihre Modeartikel und Feuilletons auf der Frauenseite von *Národní listy* warteten, warten jetzt Leserinnen und Leser auf die neuen Nummern von *Přítomnost* mit ihren Artikeln und Reportagen.

In der Redaktion von *Přítomnost* lernt Milena Jesenská im Laufe des Jahres 1937 den acht Jahre jüngeren, deutschen Journalisten Willi Schlamm kennen. Er kam aus Wien nach Prag als

Herausgeber der Zeitschrift *Die Weltbühne*. Deren Leitung übernahm er nach der Verhaftung ihres Gründers, des deutschen Antifaschisten Carl von Ossietzky. Willi Schlamm hat den Bruch mit der Kommunistischen Partei schon länger hinter sich als Milena Jesenská. 1929 wurde er in Moskau in einem Parteiverfahren ausgeschlossen. Linksorientiert blieb er allerdings auch danach.*

Er und Milena Jesenská werden bald Freunde und Mitarbeiter. Milena Jesenská übersetzt seine Artikel für *Přítomnost* ins Tschechische, er öffnet ihr den Zugang zu den Kreisen der deutschen Emigration. Oft kann man sie, immer ins Gespräch vertieft, auf Prager Straßen oder in den Cafés sehen. Zu ihrem Lieblingscafé wird das Café Belveder auf Letná, das alte Café des Devětsils und der Avantgarde. Auch Schlamms Frau Stefanie, eine Montessori-Lehrerin, die etwas später aus Wien nachkommt, gehört bald zu Milenas engem Freundeskreis.

Willi Schlamm ist zwar kein gebürtiger Wiener, aber ein Wiener dem Lebenstil nach, der Art, sich auszudrücken, zu scherzen, sich dem Leben zu stellen. Er erinnert Milena an ihre jungen Jahre in Wien und die Wiener Gesellschaft, an die sie sich jetzt mit Nostalgie erinnert. Denn mit dem Anschluß Österreichs ist auch ein Stück von Milenas Leben verlorengegangen. Nicht zuletzt ist Willi Schlamm auch ein Jude mit der spezifischen jüdischen Intellektualität und Sensibilität, für die Milena schon immer eine besondere Schwäche hatte. Sie fühlt sich ihm nahe und seelenverwandt. Durch ihn werden ihre Erinnerungen an Franz Kafka, über den sie so selten sprach, wieder lebendig. In der Zeit der Dämmerung, die über Europa

*Später, während seiner Emigration in den USA, machte er eine Wende zum Konservatismus durch. Nach seiner Rückkehr nach Europa galt er in der Bundesrepublik der späten fünfziger und sechziger Jahre als extrem konservativer Journalist; seine Publikationen lösten immer wieder scharfe Kontroversen aus. Willi Schlamm starb 1978 in Salzburg.

Willi Schlamm 1938 in Prag

heraufzieht, wird Willi Schlamm zu der letzten, rekapitulierenden Liebe Milenas – die sich aber im Unterschied zu den anderen Liebesbeziehungen ihres Lebens ausschließlich in ihr selbst abspielt.

Milenas Beziehungen zu Willi Schlamm, seiner Frau Stefanie und zu Evžen Klinger sind Beziehungen auf unterschiedlichen Ebenen, die sich gegenseitig nicht berühren und auch nicht ausschließen, weil jede anders gestaltet ist. Auch die Beziehung zu Willi Schlamm hat ihre freundschaftlich sachliche Seite in der gemeinsamen Arbeit.

Als Jude, Exkommunist und Antifaschist ist Willi Schlamm besonders stark, sozusagen dreifach gefährdet. Er verläßt schon im Sommer 1938 mit seiner Frau Prag und läßt sich für einige Monate in Brüssel nieder. Sein definitives Ziel sind die Vereinigten Staaten. Vor seiner Abreise besucht er Milena in Škrdlovice, wo sie mit Evžen und Honza Ferien macht. Der Abschied auf dem Bahnhof in Německý Brod, für immer, wie sie ahnt, wird für sie zu einem der schwersten in ihrem Leben:

> Aber was für ein Mensch bin ich eigentlich, Willi? Der ganzen Welt und jedem anderen ein vollkommen unbrauchbarer und fremder Mensch. Manchmal geschehen sonderbare Wunder, daß ich mit jemandem zusammenkomme, dem ich nicht fremd bin: Und dann geht es immer so aus, daß die Wirklichkeit ihn mir entreißt. Ich saß neben Kafka, als er in Wien im Sterben lag, und ich wartete, bis er gestorben war. Ich stand mit der Hausmeisterin hinter dem winzigen Sarg Brunners, als er starb, und ich war nicht einmal dabei. Und ich stand in Německý Brod auf dem Bahnhof und ließ zu, daß der Zug wegfuhr, Willi. Ich werde wirklich nicht mehr darüber schreiben – aber Du kannst es Dir nicht vorstellen, wie weh es tut. Bis diesen Juli habe ich nicht gewußt, daß Dinge so weh tun können.[12]

Nach seiner Abreise schreibt Willi Schlamm für *Přítomnost* weiter, den Kontakt zwischen ihm und der Redaktion vermittelt Milena. In ihren Briefen verschmelzen Berufliches, Politisches und Persönliches zu einer Einheit, wie es nur in den Zeiten tiefer gesellschaftlicher Krisen möglich ist. Es sind Milenas »geschriebene Küsse«, die fast täglich von Prag nach Brüssel wechseln:

> Du hast mir einigemale vorgeworfen, daß ich weniger lieb zu Dir bin. Ich glaube aus Deinen Worten einigemale herauszuhören, daß Du glaubst, ich wäre weniger lieb, weil ich »enttäuscht« bin. Soll ich wieder »entsetzlich wahrheitsliebend« sein? Du nimmst an, daß ich Dich liebe, daß ich mich um Deine Liebe bemüht habe, und als ich sah, daß Du mich nicht liebst, wurde ich »weniger lieb«. Daran ist etwas richtiges: ich liebe Dich wirklich sehr. Ich weiß es nicht genau,

ich weiß nur, daß ich Dich sehr liebe, aber die Voraussetzung zu dieser Liebe war die Gewißheit, daß Du mich nicht liebst. Und das weißt Du nicht. Hätte ich geglaubt, daß es möglich wäre, daß auch Du mich lieben könntest, wäre ich weggelaufen bis ans Ende der Welt. Wie Du das erklären willst, ist einerlei – aber es ist wahr: ich habe nur Deine Freundschaft gebraucht. Etwas mehr wäre weniger gewesen. Nur so war es für mich möglich, ruhig zu Dir zu kommen, mich bei Dir unendlich glücklich zu fühlen. Gerade Deine Freundschaft war der sichere Boden, die merkwürdige, verzauberte Welt von einigen Stunden, die ich sicher mein ganzes Leben lang zu den schönsten rechnen werde. Gerade diese Tatsache, daß Du mich nicht liebst, daß Du aber ein gutes Herz hast, daß Du mir gut bist und daß Du ein Gesicht hast, das ich so unsagbar liebe.
Diese Freundschaft allerdings brauchte ich und wollte ich. Um die habe ich mich bemüht ... Dann habe ich aber gemerkt, daß Du eine andere Freundschaft für mich übrig hast, als welche mir so viel Glück gab: dieselben Worte, dieselbe Haltung, dieselbe Liebenswürdigkeit hast Du für viele Menschen, Willi. Es ist gewiss kein Vorwurf – nur eine Erklärung. Diese wohlwollende, liebenswürdige, lauwarme Freundschaft, die mehr aus Deiner Anständigkeit als aus dem Herzen kommt (...) die kann mich nicht so glücklich machen, Willi. Ich bin zwar sehr bescheiden aber auch sehr stolz. Für eine besonders große Liebe müßte eine besonders große Freundschaft da sein. (...) In einem Rudel Deiner Freunde zu stehen, ist kein Glück, Willi.[13]

Es ist eine Liebe, die alle Merkmale von Milenas Liebesfähigkeit trägt, mit ihrer großartigen, aber auch gefährlichen Vehemenz, die der andere mitunter als eine Umklammerung empfinden kann. Und wie immer bedeutet die Liebe für Milena

Jesenská eine absolute Gegenwart, die manches, was in der Vergangenheit schon als das Schwerste und Schönste erlebt wurde, vergessen läßt.

> Du schriebst: Als Du hörtest, daß ich weinte, »schien es Dir, daß ich Dich ein bißchen gerne habe?« Willi, ich sage Dir etwas, aber quäle mich nicht mehr. Ich hatte niemanden auf der Welt so gerne, wie ich Dich habe. Ich habe mich im Leben von nichts so schwer gelöst wie von Dir. (...) Jeden Tag warte ich, daß der Schmerz etwas nachläßt, daß es aufhört, zu schmerzen. Aber es schmerzt nicht weniger. Gott weiß, wozu es gut ist, wozu es wichtig sein kann, wozu Du es brauchst. Aber ich liebe Dich mehr als Du im Leben an Liebe verbrauchen kannst. Du kannst nicht einmal ein Hundertstel, ein Tausendstel dieser Liebe verbrauchen.[14]

Daß wir es in diesen Briefen mit einem, wenn auch sehr entfernten, Echo von Milenas Briefen an Franz Kafka zu tun haben, kann auch die symbolische Wendung bestätigen – »Ob Du mir nicht untreu warst«, die auch in diesem Briefwechsel vorkommt. Sicher ist auch, daß Milena Jesenská in der Atmosphäre der Endzeit, die sie spürt, einen Anker sucht – wie damals Kafka während seines Aufenthaltes in Meran –, einen Anker allerdings in sich selbst. Das Politische ist in Milenas Briefen demgegenüber nicht weniger präsent. Und während ihre Artikel in *Přítomnost* Zuversicht, ja Optimismus ausstrahlen, bricht in den Briefen an Willi Schlamm ihre wahre Stimmung durch. So schreibt sie schon im Sommer 1938 kurz nach seiner Abreise:

> Ich sehe keinen Ausweg. Es kann einfach nichts Gutes mit uns geschehen. Wie und was auch kommen mag – wie sich die Dinge auch entwicklen – siehst Du eine Möglichkeit des guten Lebens, Arbeitens und Schaffens für dieses Land? Ich

nicht. Ich bin nicht pessimistisch »auf lange Sicht«. Aber alles, was in kurzer Sicht geschehen kann, ist nicht gut für uns. Der berühmte Frieden kann wahrscheinlich nur erhalten werden, wenn die Tschechoslowakei aufgegeben wird. Oder wird der Frieden nicht erhalten – und auch dann wird die Tschechoslowakei zugrunde gehen. (...) Alles, was wir machen und arbeiten, ist vergiftet durch die Sicherheit, daß ein Wunder geschehen müßte, wenn wir am Leben bleiben sollten. (...) Wenn ich Honza anschaue, bin ich manchmal verzweifelt. (...) Im Kino läuft eine Reklame für Kindergasmasken – ich kann Dir einfach nicht sagen, wie beängstigend die Geschmacklosigkeit dieser Reklame ist.[15]

Im Sommer 1938 haben aber die meisten Tschechen die Hoffnung, daß der Konflikt beigelegt werden kann, noch nicht aufgegeben. Die Tschechoslowakei hat schließlich ihre Verbündeten England und Frankreich, die ihr im Krisenfall beistehen sollen. Im Sommer spitzt sich die Situation immer mehr zu und langsam wird klar, daß Frankreich und England sich Hitlers Forderung nach der Abtretung der deutsch besiedelten Grenzgebiete der Tschechoslowakei an das Dritte Reich nicht widersetzen werden. Die am 23. September ausgerufene Mobilmachung der tschechoslowakischen Armee wird zu einer Manifestation der Entschlossenheit der Nation, die Republik zu verteidigen. Am 28. September besiegelt das Münchner Abkommen das Schicksal der Tschechoslowakei. Gegen den Willen der Nation akzeptiert die tschechoslowakische Regierung das Münchner Diktat. Schon ab dem 1. Oktober beginnt der Exodus der Tschechen, Juden und deutschen Antifaschisten aus den an das Dritte Reich abgetretenen Gebieten. Auch die Tschechen werden jetzt zu Flüchtlingen. Eine Welle von Verzweiflung und Ohnmacht erfaßt das Land.

In den knapp sechs Monaten der Existenz der sogenannten

Zweiten Republik gewinnt für Milena Jesenská neben dem Schreiben das Handeln immer mehr an Bedeutung. Viele Menschen brauchen jetzt ganz konkrete Hilfe, viele, vor allem Juden und Antifaschisten, sind unmittelbar bedroht. Denn an ein längeres Bestehen der »Rest-Tschechei«, wie sie im nationalsozialistischen Jargon heißt, glaubt niemand.

Auch Ernst Polak, Milenas erster Mann, kann nicht länger in Prag bleiben. Als die Situation in Österreich für ihn als Juden unerträglich wurde, kehrte er in seine Heimatstadt zurück. Im November 1938 emigriert Polak nach England, ausgestattet mit einem Brief, der ihn als englischen Korrespondenten der *Přítomnost* ausweist. Ein Artikel von ihm erscheint auch tatsächlich in der Zeitschrift.

Am 15. März 1939 besetzen die Einheiten der deutschen Wehrmacht den Rest der Tschechoslowakei. Mit ihrer Feder hält Milena Jesenská auch dieses Ereignis fest:

> Die großen Ereignisse, wie gehen sie vor sich? Unerwartet und schlagartig. Sind sie aber eingetreten, stellen wir jedesmal fest, daß wir *nicht* überrascht sind. In uns schlummert ein ahnendes Wissen kommender Dinge, das nur übertönt wird durch Verstand, Willen, Wunschdenken, Angst, tägliches Getriebe und Arbeit. (...)
> Als am Dienstagmorgen um vier Uhr das Telefon läutete, Freunde und Bekannte anriefen und der tschechische Rundfunk anfing zu senden, sah die Stadt unter unseren Fenstern so aus, wie in jeder anderen Nacht. Die Lichter zeigten dasselbe Muster, die Kreuzungen bildeten dasselbe Kreuz. Nur, daß schon ab drei Uhr nach und nach die Lichter angingen: bei den Nachbarn, gegenüber, unten, oben, schließlich die ganze Stadt entlang. Wir standen am Fenster und sagten uns: auch sie wissen es schon. Wir weckten andere durchs Telefon: wißt ihr schon? Ja, sie wußten. Fahle Dämmerung

über den Dächern, hinter den Wolken ein blasser Mond, unausgeschlafene Gesichter, eine Tasse heißen Kaffees und regelmäßige Meldungen übers Radio. So kommen die großen Ereignisse zu uns: sachte und unerwartet.[16]

Die Flüchtlingshelferin

Am 15. März 1939, die Fahrzeuge der deutschen Wehrmacht stehen noch an allen Ecken, läuft ein junger Mann, schlank, blond, blauäugig, der Prototyp eines »Ariers«, durch die Straßen Prags. Über der Stadt liegt ein Geruch verbrannten Papiers. Überall werden kompromittierende Papiere, Dokumente und Mitgliedskarteien verbrannt. Der junge Mann klingelt oder klopft an den Wohnungstüren seiner jüdischen Freunde: »Sie müssen fort! Ich möchte Euch helfen!«

Es ist ein Adliger aus Westböhmen, Joachim von Zedtwitz, der in Prag Medizin studiert. Oft stößt er bei seinen Freunden auf Resignation und Skepsis. Auf den Straßen sieht er weinende Menschen. Das alles stärkt nur seine Wut und Entschlossenheit, etwas zu tun.

In ihrer Prager Wohnung in der Kouřímská sitzt Milena Jesenská am Telefon. Sie ruft ihre bedrohten Freunde und Bekannten an und verspricht ihnen Hilfe.

Es ist nur eine Frage der Zeit, wann sich die Wege von Milena Jesenská und Joachim von Zedtwitz kreuzen werden.

»Ein jüdischer Bekannter, auf den Namen besinne ich mich nicht mehr, vermittelte mir den Kontakt zu vier Engländern, Harold Stovin, Kenneth Ogier, Bill Henson und Mary Johnston, die in Prag als Englischlehrer gearbeitet hatten«, gibt Joachim von Zedtwitz zu Protokoll.[17] »Nach der Besetzung des Restes der Tschechoslowakei am 15. März 1939 halfen sie, Fluchtwege für bedrohte Antifaschisten und Juden zu organisieren. Harold Stovin brachte mich zu Milena. (...) In ihrer

Wohnung in der Kouřímská 6 bin ich vielen Menschen begegnet, die dort Unterschlupf gefunden hatten und sich auf die Flucht über die Grenze nach Polen vorbereiteten. (...) Milena und ich wurden uns schnell darüber einig, daß ich ihr bei dieser Arbeit helfen würde.«

Joachim von Zedtwitz hat einen Wagen, einen offenen Aero-Zweisitzer, und ist bereit, die Flüchtenden an die polnische Grenze zu bringen, wo ihnen weitergeholfen wird. Das »arische« Aussehen des jungen Mannes, seine forsche Art und nicht zuletzt der Ledermantel, der eine Nazi-Zugehörigkeit suggeriert, helfen ihm oft bei den waghalsigen Touren. Milena Jesenská stellt den Flüchtenden ihre Wohnung zur Verfügung. Denn viele von ihnen müssen so schnell wie möglich ihre eigene Wohnung verlassen, um sich dem möglichen Zugriff der Gestapo zu entziehen. Es ist keine leichte Aufgabe, verängstigte, um ihr Leben bangende Menschen zu beherbergen und zu betreuen. Aber Milenas Geduld und Ruhe scheinen unerschöpflich zu sein. Ihr Portrait aus dieser Zeit, es ist das letzte Foto Milenas, zeigt ein reifes Frauengesicht mit fast männlichen Zügen, aber einem sehr weichen schönen Mund. Der Blick ist klar, nicht mehr melancholisch verschleiert wie früher. Das ganze Bild signalisiert Mut und Entschlossenheit und hat fast etwas Skulpturhaftes. Die Ähnlichkeit mit dem Vater fällt auf.

In den fünf Monaten, die bis zum Überfall auf Polen und dem Ausbruch des II. Weltkriegs Anfang September 1939 noch übrigbleiben, gelangt über den von Joachim von Zedtwitz, Milena Jesenská und weiteren Helfern geschaffenen Fluchtweg eine stattliche Schar von Menschen in Sicherheit: Juden, tschechische Fliegeroffiziere, deutsche Antifaschisten, Kommunisten.

Auch Evžen Klinger muß diesen Weg benutzen. Als Jude und ehemaliger hoher Funktionär der Kommunistischen Par-

Milena Jesenská im Sommer 1939

tei ist er sehr bedroht. Er möchte, daß Milena Jesenská und ihre Tochter Honza mit ihm ins Ausland gehen. Milena kann aber Prag nicht verlassen. Sie fühlt, sie wird hier gebraucht. Zwar verspricht sie, Evžen Klinger in einigen Wochen zu folgen, wer jedoch ihre Artikel aus diesen Wochen liest, weiß, daß sie an Emigration nicht denkt:

> Während eines Jahres ist ungefähr ein Zehntel der Nation ins Ausland gegangen. Jeder von ihnen nimmt ein Stück unserer Kultur mit, ein Stück unseres Denkens, ein Stück nationaler Existenz, unseres handwerklichen Geschickes.

> Auch ein großer Stein bröckelt ab und wird durch Regentropfen ausgehöhlt – wir sind kein großer Stein. (...) Für das kleine böhmische Land gibt es nur einen einzigen Ausweg: Sich wie die Kletten aneinander zu klammern, wie eine Herde zusammenzuhalten. Auf dem heimischen Boden und zu Hause zu bleiben. Hier die Kinder zur Welt zu bringen und zu erziehen.[18]

Solche Sätze kann Milena Jesenská nicht schreiben – und dann emigrieren. Damit würde sie ihre ganze journalistische Arbeit der letzten Monate unglaubwürdig machen. Und wenn es um die Glaubwürdigkeit geht, ist für Milena Jesenská das Schreiben doch wichtiger als das Leben. Eine gewisse Rolle bei ihrem Zögern spielt möglicherweise auch die Wiener Erfahrung der Fremde. Wie könnte sie sich erst in England oder in Amerika zurechtfinden?

Für Milenas Freunde sollen allerdings andere »Gesetze« gelten als für sie selbst. Sie werden von ihr überredet, ja fast gezwungen, wegzugehen, um anderswo arbeiten zu können. Als Willi Schlamm in Brüssel seine Abreise nach Amerika verzögert, schreibt sie ihm:

> Wenn Du es kannst, wegzufahren, ohne dich umzudrehen, dann drücke ich Dir die Hände. Am 30. September ist mehr zugrundegegangen, als wir zugeben wollen, nicht wahr. Ich begreife, Willi, daß Du treu bist, Wien – und verschiedenes mehr – noch liebst – aber es ist zwecklos, lange im Kirchhof zu stehen. Wenn wir gemeinsame Arbeit auf der Welt noch überhaupt tun können, dann nur, wenn wir anfangen, jeder wo er kann. (...) Es ist keine Solidarität zusammen sterben zu wollen, solange es noch etwas zu tun gibt! Es ist keine Schwäche innerlich von dem Begräbnis wegzukommen, aus Liebe und Solidarität für etwas, was eben starb. Du bist mit

uns solidarisch, indem Du wegfährst, Willi! (...) Wenigstens einer, der Europa im Herzen hat – und die Kraft und Entschlossenheit hat aus Europa wegzugehen. Es ist doch, um Gotteswillen, keine Tapferkeit, seine Arbeitsmöglichkeiten lahmzulegen, weil die anderen lahm sind. Wir sind es. Hoffentlich werden wir doch etwas tun können. Wenn nicht – dann werden wir versuchen auch wegzugehen.[19]

Bevor Evžen Klinger Prag verläßt, geschieht etwas Unerwartetes: Als Professor Jesenský von seiner Abreise erfährt, schenkt er ihm alle englischen Pfund, die er besitzt, und dazu noch seine goldene Uhr, damit er etwas für den Anfang hat. Auch Jan Jesenský weiß inzwischen, daß die Juden, die Tschechen, die deutschen Antifaschisten und die Kommunisten jetzt in einem Boot sitzen. Es ist eine Geste, die auch an die Tochter gerichtet ist und ihre Wirkung nicht verfehlt. Die Zeit der Annäherung zwischen den beiden ist gekommen.

Die Sorge um die bedrohten Menschen in ihrer Wohnung ist nicht die einzige Aufgabe, die Milena Jesenská in dieser Zeit hat. Auch die Arbeit in der Redaktion nimmt sie jetzt in der politisch noch unklaren Situation sehr in Anspruch. Jede Woche erscheint in *Přítomnost* ein Artikel von ihr. Milena Jesenská scheint aber für Katastrophenzeiten geschaffen zu sein. Mit Ruhe, Geduld, Übersicht und Humor bewältigt sie am Tag ein immenses Arbeitspensum und findet immer noch Zeit, mit dem einen oder anderen Freund, der es gerade braucht, Spaziergänge durch Prag zu machen. Als wäre sie in Grenzsituationen, in denen sich viele schon überfordert fühlen, erst angemessen ausgelastet. »Je unruhiger ihre Umgebung war, desto ruhiger, ausgeglichener und größer wirkte sie«, schreibt Willy Haas[20], der alte Freund noch aus der Café-Arco-Zeit. Und Joachim von Zedtwitz erinnert sich: »Milena (...) beruhigte alle. Sie wirkte einfach dadurch, daß sie da war. In ihrer Gegenwart wurden die Menschen irgendwie besser, wurden von ihr angeregt, mitgerissen und gezwungen, Stellung zu nehmen.«[21]

Nach außen hin gibt sich Milena Jesenská ausgeglichen, gut gelaunt, fast optimistisch. Doch wie die Briefe an Willi Schlamm zeigen auch die an Ernst Polak gerichteten Zeilen vom 17. Mai 1939, wie ihre wirkliche Stimmung ist: »Auf Wiedersehen? Ich weiß nicht ... Eher – lebe wohl! Mein Gott, wie viele Freunde habe ich jetzt überall in der Welt. Macht nichts, Täubchen, es vergeht ...«[22]

Nach der Besetzung des Restes der Tschechoslowakei steht *Přítomnost* vor neuen Fragen und Aufgaben. Die politische Situation in dem neugeschaffenen Protektorat Böhmen und Mähren ist in den ersten Wochen nach dem 15. März noch unklar und unübersichtlich. Wie groß werden die Freiräume sein, die zum Beispiel der Presse eingeräumt werden? Soll man die Zeitschrift halten oder lieber aufgeben, um sich dem Vorwurf der Kollaboration nicht aussetzen zu müssen? Ferdinand Peroutka entscheidet sich, die Zeitschrift so lange wie möglich zu halten und nach außen hin eher vorsichtig zu taktieren, das heißt, die Wahrheit zwischen den Zeilen auszusprechen. Darauf, daß man verstanden wird, kann man sich bei den tschechischen Lesern verlassen. Viel zu lange haben sich die Tschechen in dieser Kunst geübt. Im Laufe ihrer Geschichte haben sie Überlebensstrategien entwickelt, die jetzt, in der Krisensituation, sofort »reaktiviert« werden: die Zuwendung zum kulturellen Erbe, zur Tradition und das Entwickeln eines starken Solidaritätsgefühles untereinander. Zu den bewährten »Kampfmitteln«, gehört auch der Witz. Daß es ums Überleben geht, weiß jeder.

Unsere ruhige, ausgeglichene Nüchternheit, unser sachliches Verstehen der Situation reicht nicht mehr. Was wir brauchen, ist eine durch den Verstand nicht beschränkte Liebe (...) Und die Menschen finden sie langsam. Sie wenden sich mit Stolz allem zu, was tschechisch ist. Sie wandern durch die Straßen Prags, über den Hradschin, durch die alten Gärten, sie schauen auf die Stadt und nehmen die Linien der Dächer mit ganz anderen Gefühlen wahr, als vor einem Monat. Sie überschütten die Gräber der großen Söhne der Nation mit Blumen, sie nehmen ein tschechisches Buch in die Hand, beschäftigen sich mit der tschechischen Geschichte.[23]

Diese Hinwendung zur tschechischen Geschichte und Tradition bedeutet für Milena Jesenská keineswegs ihre nationalistische Überhöhung zu einem Wert an sich. Sie sind nur eine Quelle der Kraft im Kampf gegen die Barbarei. Einem Leser, der sie dafür lobt, daß sie »vor allem eine Tschechin ist«, antwortet sie in einem anderen Artikel: »Selbstverständlich bin ich eine Tschechin, aber vor allem versuche ich, ein anständiger Mensch zu sein.«[24]

So sind auch die Inhalte ihrer Artikel, die sie dem Leser zwischen den Zeilen vermittelt, nie antideutsch, sondern nur antimilitaristisch:

Marschierte früher ein ganzes Regiment tschechischer Soldaten unterm Fenster vorbei, so klang das fröhliche Klipp-Klapp ihrer Schritte durch die Gassen; geht aber heute nur ein einziger deutscher Soldat durchs Kaffeehaus, so klirren bei seinem festen Schritt alle Gläser, und der Stuck fällt vom Plafond.[25]

Der beste Streich in dieser Hinsicht gelingt Milena Jesenská, als sie in der Überschrift eines Artikels das Lied »Soldaten wohnen auf den Kanonen« aus Brechts *Dreigroschenoper* plaziert und als das schönste deutsche Soldatenlied preist. Der deutsche Zensor, Wolfgang von Wolmar, gerät außer sich vor Zorn, als er davon erfährt. Er läßt die widerspenstige Journalistin zu sich rufen und weist sie gehörig zurecht. Vor allem nachdem Ferdinand Peroutka im Sommer 1939 verhaftet wird und Milena Jesenská die redaktionelle Verantwortung für das Blatt übernimmt, vergeht kaum eine Woche, in der sie nicht zum Zensor zitiert und wegen der neuesten Nummer von *Přítomnost* gerügt wird. Für Milena Jesenská sind das immer schwarze Tage. Im September 1939 haben die Herren von der Zensurbehörde genug, und *Přítomnost* wird verboten. Milena Jesenská ist inzwischen als eine couragierte, unbeugsame Frau auch der Gestapo bekannt.

In dieser Zeit sind bereits die ersten illegalen Zeitungen im Protektorat Böhmen und Mähren entstanden. Nachdem Milena Jesenskás Arbeit bei *Přítomnost* zu Ende ist, schließt sie sich dem Kreis an, der die illegale Zeitung *V boj* (Auf in den Kampf) herausbringt.

Die Mitglieder der Widerstandsgruppen wissen noch nicht, was für ein gefährlicher Gegner die Gestapo ist. Die Regeln der Konspiration werden aus Unerfahrenheit nicht streng genug eingehalten. So sind auch bei der Zeitschrift *V boj* Druck und Vertrieb nicht voneinander getrennt. In Milenas Wohnung liegen in dieser Zeit oft die Nummern der Zeitschrift frei herum oder werden unter der Wäschetruhe versteckt. Auch die kleine Honza ist an der Verbreitung beteiligt.

Am 28. Oktober, dem Staatsfeiertag der Tschechoslowakei, demonstrieren Prager Studenten gegen die deutsche Besatzung. Bei den Zusammenstößen mit den deutschen Ordnungskräften wird der Medizinstudent Jan Opletal tödlich verletzt. Bei seiner Beerdigung am 15. November kommt es zu weiteren Zusammenstößen und Unruhen. Die Folge: Am 17. November werden alle tschechischen Hochschulen geschlossen, viele Studenten verhaftet, einige erschossen. Der

Widerstand, der bei den Demonstrationen am 28. Oktober zum Ausbruch kam, setzt die Gestapo in Alarmbereitschaft. Eine Verhaftungswelle rollt seit Ende Oktober über das Land. Sie trifft auch die Mitglieder der Gruppe *V boj*.

Als sich am 11. November in der Wohnung eines Bekannten, in der die neue Ausgabe der Zeitschrift abgeholt werden soll, eine fremde, aber tschechisch sprechende Stimme meldet, denkt sich Milena Jesenská nichts dabei. Sie wartet noch etwas, schickt dann aber ihre Tochter Honza in die Wohnung. Für den Fall, daß ihr ein Fremder öffne, solle sie sagen, sie komme, um Bücher für die Mutter abzuholen. Natürlich ist die Wohnung von der Gestapo besetzt, der perfekt tschechisch sprechende Mann ist ein Spitzel, ein Tscheche, der für die Gestapo arbeitet. Honza wird festgehalten und zu ihrer Mutter gefahren. Die Wohnung in der Kouřímská wird durchsucht, der Stapel mit der illegalen Zeitschrift unter der Wäschetruhe entgeht aber der Wachsamkeit der Gestapo. Es wird zwar kaum belastendes Material gefunden, aber Milena Jesenská wird trotzdem verhaftet; und mit ihr auch ihr Freund, Honzas Nachhilfelehrer, Lumír Čivrný, der gerade zu Besuch kam. Zurück in der Wohnung bleibt die elfjährige Honza mit ihrem schwarzen Kater.

Milena Jesenská wird fast täglich zu Verhören in die Gestapo-Residenz im Petschek-Palais gebracht. Sie versteht es, den Fragen der Gestapobeamten geschickt auszuweichen. Als sie einmal mit einer anderen Frau in dem »Warteraum« putzt, wo die Häftlinge auf die Verhöre warten, begegnet sie hier Lumír Čivrný, und es gelingt ihr, ihm zuzuflüstern, wie er bei den Verhören aussagen soll. Nach etwa vier Monaten Haft wird Lumír Čivrný letztlich entlassen.

Seit seiner Ankunft in London versucht Evžen Klinger, Milena Jesenská mit Geldbeträgen zu helfen und sie zum Verlassen des Landes zu bewegen. Seine Briefe an Willi und Stefanie Schlamm, die »lieben Kinder«, wie er sie anspricht, sind voller Sorge um Milena. Er berichtet über die Schikanen, denen sie ausgesetzt ist und über ihren Mut, der sie für viele zu einer Symbolfigur des tschechischen Widerstandes macht. Auch als im September 1939 nach dem deutschen Überfall auf Polen der letzte Fluchtweg aus dem Protektorat gekappt wird, versucht er, mit einem Affidavit für Milena Jesenská eine Ausreisegenehmigung zu bekommen. Es gibt immer noch Einzelfälle, daß Menschen aus dem Protektorat ausreisen dürfen. Aber alle seine Versuche scheitern letztlich am stillen, dennoch hartnäckigen Widerstand Milenas. Sie kann das Land nicht verlassen, solange sie dort noch Aufgaben hat.

Nach dem Abschluß der Ermittlungen wird Milena Jesenská für kurze Zeit in das Lager für »jüdisch Versippte« nach Benešov bei Prag verlegt, im Frühjahr 1940 dann nach Dresden vor Gericht gebracht.

Die Verhöre und die Untersuchungshaft in Prag ließen sich ertragen. Überall konnte man dort tschechischen Polizisten begegnen, die auf der Seite der Verhafteten standen. Das ist in Dresden anders, die Lebensbedingungen hier sind viel härter: die Zellen feucht und kalt, das Essen unzureichend, das Aufsichtspersonal feindselig. Milena Jesenská nimmt stark ab, ihre Gelenke schwellen an, die alte Nierenentzündung macht sich wieder bemerkbar.

Gerade in dieser Zeit unternehmen Stanislav Budín und Evžen Klinger den letzten, verzweifelten Versuch, Milena Jesenská aus der Gewalt der Gestapo zu befreien. Ein Bolivianer – Bolivien ist ein neutrales Land – soll Milena heiraten und dadurch die Ausreisegenehmigung für sie und Honza erreichen. Es gelingt ihnen sogar, ein bolivianisches Visum für Milena zu besorgen. Auch Wilma Löwenbach und Stefanie und Willi Schlamm beteiligen sich an der Vorbereitung der Rettungsaktion, der, wie zu erwarten war, kein Erfolg beschieden ist.

Bei der Gerichtsverhandlung in Dresden verteidigt sich Milena Jesenská selbst und wird »aus Mangel an Beweisen« freigesprochen. Der Freispruch bedeutet allerdings nicht die erhoffte Freilassung. Als sie im Juni 1940 in einem sehr schlechten gesundheitlichen Zustand aus Dresden nach Prag zurückkommt, erfährt Milena Jesenská, daß sie auf unbestimmte Zeit in »Schutzhaft« genommen wird. Ende Oktober 1940 wird sie in das Frauenkonzentrationslager Ravensbrück überführt.

5

Aufrecht stehen

Das Lager

Das Konzentrationslager Ravensbrück liegt etwa achtzig Kilometer nordöstlich von Berlin am Rande der mecklenburgischen Seenplatte. Als Milena Jesenská hier im Herbst 1940 eintrifft, leben hinter der hohen Betonmauer, die zusätzlich mit einem Elektrozaun gesichert ist, in sechzehn Baracken etwa fünftausend Frauen. Milena Jesenská bekommt die Nummer 4714.

Die Lebensbedingungen sind auf das Notwendigste beschränkt. Holzpritschen, in zwei bis drei Etagen übereinander, dienen als Schlafstätten, jeder der Räume beherbergt sechzig bis achtzig Frauen. Zu jeder Baracke gehört ein unbeheizter Waschraum mit kaltem Wasser und fünf Toiletten. So wie während des Krieges die Zahl der inhaftierten Frauen steigt, wird der Raum in den Baracken noch enger. Am Ende des Krieges werden bis zu fünfhundert Häftlinge in einen Raum gepfercht. Auf drei bis fünf Frauen kommt dann ein Bett. Im ganzen Lager leben dann über dreißigtausend weibliche Häftlinge aus ganz Europa. Man kann sich ohne viel Phantasie vorstellen, wie schwer es unter diesen Umständen ist, die minimalen hygienischen Bedürfnisse zu befriedigen. Vor den Toiletten und im Waschraum bilden sich morgens und abends lange Schlangen müder, ungeduldiger, verschlafener Menschen. In den Baracken, in denen Kriminelle oder asoziale Häftlinge den Ton angeben, kommt es dabei oft zu wüsten Beschimpfungen und Schlägereien. Frische Wäsche gibt es nur alle paar Wochen, Bettwäsche kaum, die Abstände zwischen den

Duschmöglichkeiten werden mit der Zeit, da die Kapazität des Lagerbades nicht mehr ausreicht, immer länger. Saubere Wäsche gehört im Lager zu den begehrtesten Geburtstagsgeschenken. »Ich weiß nicht, wer gesagt hat, daß der Mensch durch Leiden an Wert gewinne. Eines aber weiß ich gewiß, daß es eine Lüge ist«, schrieb Milena Jesenská in einem ihrer Feuilletons. Jetzt erfährt sie am eigenen Leibe, wie recht sie damals hatte.

Von morgens bis abends arbeiten die Häftlinge in den Bekleidungswerkstätten der SS oder in den Rüstungsbetrieben. Nur Sonntag nachmittags haben sie frei. Zweimal am Tag müssen alle Lagerinsassen zum Appell und werden gezählt. Oft dauert diese Prozedur Stunden. Und doch gibt es auch hier Unterschiede in den Lebensbedingungen. Die inhaftierten Frauen, die in der Lagerverwaltung arbeiten oder zur Selbstverwaltung der Häftlinge gehören, haben es etwas besser. In ihren Baracken teilen sich oft »nur« zwei Frauen ein Bett. Hier gibt es auch Bettwäsche und die Möglichkeit, sich häufiger zu waschen. Es gibt Blöcke, in denen die Solidarität unter den Gefangenen die Lebensumstände etwas erträglicher macht, es gibt andere, wo blanke Gewalt herrscht.

Gegründet 1939, diente Ravensbrück ursprünglich als Aufbewahrungslager für politische Gegnerinnen des nationalsozialistischen Regimes. Zu den ersten Häftlingen gehörten neben den »Politischen« auch die Bibelforscherinnen, Mitglieder einer religiösen Gemeinschaft, die von Hitler wegen der Verweigerung des Wehrdienstes verfolgt wurden. Aus diesen ersten Häftlingen rekrutierten sich die Funktionärinnen der Selbstverwaltung des Lagers. So konnten in Ravensbrück die Kriminellen unter den Häftlingen nie die Oberhand im Lager gewinnen. Die Antifaschistinnen in der Selbstverwaltung sorgten dafür, daß die Funktionen im Lager zuverlässige, mutige und erfahrene Frauen bekamen, die sich für die

Mithäftlinge einsetzten. Trotzdem wurden die Lebensbedingungen im Lager während des Krieges immer schlechter. Von der Aufbewahrungsanstalt für Feinde des Regimes entwickelte sich Ravensbrück nach und nach zu einem Vernichtungslager. Schon 1942 wurden kranke und sieche Häftlinge »liquidiert«, was im SS-Jargon mit Töten gleichzusetzen ist, im selben Jahr wurden auch medizinische Versuche mit bakteriellen Infektionen durchgeführt, deren Opfer vor allem Polinnen wurden. Im Winter 1944/45 als das Lager mit Gefangenen aus den östlicher liegenden Konzentrationslagern überfüllt wird, ist sein Vernichtungscharakter bereits Realität. Auch eine Gaskammer wurde in dieser Zeit gebaut. Unter diesen Lebensbedingungen verbringt nun Milena Jesenská die letzten vier Jahre ihres Lebens mit Tausenden Frauen aus ganz Europa.

Milena Jesenská kommt in einer schlechten körperlichen Verfassung nach Ravensbrück. Im Dresdner Gefängnis hatte sie 30 Kilo abgenommen und sich in der kalten feuchten Zelle Gelenkrheumatismus zugezogen. Vor dem Abtransport nach Ravensbrück darf sie sich in Prag von ihren Familienangehörigen verabschieden. Jana Černá schreibt darüber in ihren Erinnerungen an die Mutter: »Mit dem Großvater wartete ich auf einem Flur im Petschek-Palais, der alte Herr schaute finster drein, und ich wagte nicht, ihn anzusprechen. Wir blickten beide in eine Richtung – zu der Ecke des Flurs, woher Milena kommen sollte. Und als sie uns endlich in Begleitung eines Kommissars entgegenkam – erkannte ich sie nicht wieder… Mager, das Haar bis auf die Schultern, vorspringende Backenknochen und riesige blaue Augen – sie ähnelte eher der Milka, die ihr Vater kannte, als der Milena, an die ich mich erinnerte, aber auch er begriff im ersten Moment nicht, daß sie es war. Erst an ihrem hinkendem Gang erkannte ich sie.«[1]

In Ravensbrück wird Milena Jesenská von den tschechischen Häftlingen gut empfangen. Die tschechischen »Politischen« sorgen dafür, daß sie zur Arbeit im Krankenrevier eingeteilt wird, wo sie die Kartei der Geschlechtskranken verwaltet und Medikamente an sie verteilt. Sie wird dem ersten Block zugewiesen, einem der besten im ganzen Lager, in dem ausschließlich politische Häftlinge untergebracht sind. Die Blockälteste Rosa Jochmann, eine alte österreichische Sozialdemokratin, sorgt hier für Ordnung. Milena und sie freunden sich bald an. Die Mithäftlinge bemühen sich auch darum, daß Milena wieder zu Kräften kommt. Die Schwester, die dem Chefarzt im Krankenrevier das Mittagessen ins Büro bringt, »stolpert« ab und zu und verschüttet das Essen auf den Boden. Für den Arzt muß sie dann ein neues holen, das erste bekommt Milena. Mit solchen simplen Tricks kann man hier oft dem anderen helfen, ja, sogar das Leben retten. Aber auch Milena Jesenská schließt sich, nachdem sie sich mit den Regeln des Lagerlebens vertraut gemacht hat, dem unsichtbaren Ring von Frauen an, die unter den unmenschlichen Bedingungen versuchen, die zwischenmenschliche Solidarität nicht ganz verkommen zu lassen. Die Fälschung der Laborergebnisse der Untersuchungen neu angekommener Häftlinge gehört für sie bald zur Routine. Denn die geschlechtskranken Frauen sind besonders gefährdet. Manche werden getötet, andere zu wissenschaftlichen Experimenten mißbraucht.

Es sind aber nicht nur die Taten, es ist oft auch schon ihre Haltung, die den anderen hilft. Anna Kvapilová berichtet über ihre erste Begegnung mit Milena Jesenská im Oktober 1942: »Ich stand in einer Gruppe tschechischer ›Zugänge‹ draußen vor dem Krankenrevier. Wir waren zur Aufnahmeuntersuchung dorthin dirigiert worden. Niedergedrückt und verstört durch die ersten schrecklichen Eindrücke bei der Ankunft im Lager, erwarteten wir nun voller Angst die nächste Tortur. Da tritt Milena aus der Tür, bleibt auf der Treppe stehen, lächelt uns zu und ruft mit einladender Handbewegung: ›Seid mir willkommen, Mädels!‹ Das kam so ganz von Herzen, als ob sie jeden einzelnen von uns in ihr Haus einlud, als sei sie die Gastgeberin, die ihre Freunde empfängt. Ich konnte es gar nicht fassen, blickte zu ihr hinauf und sah das rötlich schimmernde Haar, das wie eine Gloriole um ihren Kopf stand. Nie werde ich diesen Eindruck vergessen. Es war das erste wirklich Menschliche inmitten all der Unmenschlichkeit.«[2]

Für die tschechischen Frauen ist Milena Jesenská keine Unbekannte. Viele der inhaftierten Pragerinnen kennen sie noch aus der Zeit auf dem Minerva, andere haben durch ihre älteren Schwestern von Milenas jugendlichen Eskapaden gehört. Viele Tschechinnen erinnern sich auch noch an die Chiffre »Milena« von der Frauenseite von *Národní listy*. Und fast jede kennt ihre Artikel und Reportagen aus *Přítomnost*. Ihre Artikel und ihre Haltung im Konzentrationslager sind zu einer Einheit verschmolzen. Der Gegensatz zwischen zwei Stunden Leben und zwei Seiten Schrift ist aufgehoben.

In den Erinnerungen der Choreographin und Tänzerin Nina Jirsíková erscheint Milena Jesenská schon fast als eine Legende: »Ich erinnere mich, wie ich sie zum erstenmal sah. Es war an einem Frühlingssonntag 1942; die Aufsicht im Lager ließ nach und wir konnten uns von unseren Blöcken entfernen. Ich ging der Sonne entgegen, sie hatte sie im Rücken. Nach dem, was ich alles schon über sie gehört hatte, war ich sehr neugierig auf sie. Ein Teil der Frauen im Lager hatte sie nicht gerne, die einen aus politischen Gründen, die anderen, weil sie ihr früheres Leben verurteilten. (...) Sie ging mir entgegen, die Sonne im Rücken – ihr feines gekraustes Haar, mehr grau als blond, bildete um ihren Kopf eine Aura wie der zarte Flaum des Löwenzahns. Es war etwas sehr Zerbrechliches an ihr, das kam aber von innen durch ihren Blick. (...) Sie war groß, eher knochig. Obwohl sie ein steifes Bein hatte, das sie nachzog, hielt sie sich gerade. Ihr Gesicht war sehr fein, edel geformt, sie hatte sensible Nasenflügel, ihre Augen waren besonders ausdrucksvoll. Sie strahlte eine starke Individualität aus. Man spürte, daß ihr Geist sich nicht unterwerfen will und den schon angegriffenen Körper beherrscht. (...) In dem Milieu, wo es so viele geistig wie körperlich gebrochene Menschen gab, wirkte ihre Kraft überraschend. (...) Sie vermochte es, mit ihrer Spontaneität die Menschen mitzureißen, für einen neuen Gedanken zu interessieren und damit die Umgebung, in der wir lebten, zu vergessen. Das war eine große Wohltat für uns. Milena gehörte zu denen, die imstande waren, anderen eine geistige Stütze zu sein. (...) Milenas früheres Leben war sehr extravagant und undiszipliniert gewesen. Hier war sie ein ganz anderer Mensch, ich kannte keine Frau, die disziplinierter gewesen wäre als sie, die sich so in der Hand hatte und die es so gut vermochte, sich über Erniedrigungen und Schmerzen hinwegzusetzen. Ein Stück ihres unerschrockenen Herzens blieb in meiner Erinnerung erhalten und stärkte mich. Ich bin ihr sehr dankbar, denn sie gehörte zu den wenigen, die mir halfen, die erste, schwerste Zeit im Konzentrationslager zu überstehen.«[3]

Milena Jesenská trifft hier auch viele alte Bekannte aus der Vorkriegszeit wieder. Denn im Konzentrationslager Ravensbrück versammelt sich jetzt ein beträchtlicher Teil der ehemaligen jungen weiblichen Intelligenzija der ersten Tschechoslowakischen Republik. Die Interessen sind immer noch die gleichen, nur das Szenario hat sich geändert. Statt an Kaffeehaustischen sitzen jetzt die Frauen jede freie Stunde, die ihnen übrigbleibt, auf den Pritschen und diskutieren, wiederholen bekannte Gedichte, improvisieren Vorträge, versuchen einfach, geistig und seelisch nicht zu verkümmern.

Etwas komplizierter als zu den anderen Tschechinnen gestaltet sich die Beziehung zwischen Milena Jesenská und den Kommunistinnen. Vor allem die Funktionärinnen, wie Hilda Synková oder Josefa Palečková, können Milena den Bruch mit der Partei nicht verzeihen. In Ravensbrück inhaftiert ist auch Gusta Fučíková, deren persönliche Vorbehalte gegenüber Milena Jesenská hier auch noch politisch untermauert werden. »Solche Menschen (wie Milena, Anm. d. Verf.) hielten wir damals für Trotzkisten«, schrieb 1972 die Ärztin Zdena Nedvědová-Nejedlá, die gemeinsam mit Milena Jesenská in Ravensbrück im Krankenrevier arbeitete, an Slávka Vondráčková.[4] »Erst nach den tragischen Enthüllungen und den Erfahrungen der letzten Jahre, bin ich zu der Überzeugung gekommen, daß Milena damals mehr recht hatte als ich.«

Schwerer vielleicht noch als Milenas Bruch mit der Partei in den dreißiger Jahren wiegt, daß sie auch im Lager keinen Hehl aus ihrer kritischen Haltung gegenüber der Sowjetunion macht. Die Sowjetunion und ihr Sieg über Hitlers Deutschland bedeutet aber die Hoffnung vieler Frauen, nicht nur der Kommunistinnen, einmal wieder als freie Menschen leben zu können. Diese Seite der Spannungen versucht Zdena Nedvědová-Nejedlá in ihrem Brief zu erklären: »Ich habe ihr nicht geglaubt und hielt an meinem Standpunkt fest. Vielleicht war es bei mir ein unbewußter Selbsterhaltungstrieb. Wir konnten uns nicht erlauben, den Glauben an die UdSSR zu verlieren, sonst wären wir der Hoffnungslosigkeit verfallen und gestorben. Deswegen versuchte ich die Mithäftlinge vor Milenas trotzkistischen Ansichten zu schützen. Bis heute bin ich überzeugt, daß gerade der Glaube an die Befreiung durch die Sowjetunion vielen Menschen im letzten Weltkrieg das Überleben ermöglichte. Diese politischen Unterschiede hatten allerdings keinen großen Einfluß auf unsere zwischenmenschlichen Beziehungen. (...) Ich gebe allerdings zu, daß einige hohe Funktionärinnen der KPTsch Milena das Leben schwer machten, aber das waren Einzelfälle.«

In dieser Frage steht Milena Jesenská auf einem ganz anderen Standpunkt. Sie braucht keine Illusion, um überleben zu können. Und sie versteht nicht, warum sich so viele Menschen wider besseres Wissen an solche Krücken klammern. Für sie ist die Wahrheit immer wichtiger gewesen, und sie hat – bis auf die kurze Periode am Anfang der dreißiger Jahre – nie aus irgendeinem Glauben, sondern immer nur aus sich selbst gelebt. Sie glaubt auch nicht an das Gute im Menschen. Sie liebt ihn, so wie er ist, ohne viel von ihm zu erwarten. Das gibt ihr Kraft zum Überleben. An diesem Punkt endet auch ihre Toleranz gegenüber den anderen. Für die Schwäche, sich Illusionen hinzugeben, hat sie kein Verständnis. So, wie sie, oft zum Entsetzen der anderen, schon immer selbstbestimmt lebte, kann sie auch unter den extremen Bedingungen im Konzentrationslager ihre innere Freiheit und Menschenwürde bewahren. Der Druck von Außen und extreme Belastungen scheinen ihre Kräfte erst voll zur Entfaltung zu bringen. Sie wird ruhig, konzentriert, zielbewußt, unerschrocken. So war es in allen kritischen Situationen ihres Lebens, in der Zeit der Krankheit der Mutter, in Wien, in den dreißiger Jahren, in der Zeit der Sudetenkrise. Genauso ist es auch jetzt in Ravensbrück.

Fast zur gleichen Zeit wie Milena Jesenská wird auch Margarete Buber-Neumann nach Ravensbrück deportiert. Sie ist die Witwe des deutschen Kommunisten Heinz Neumann, der 1938 im Moskauer Exil verhaftet und erschossen wurde. Margarete Buber-Neumann wurde zu fünf Jahren Zwangsarbeit verurteilt und nach zwei Jahren Haft vom KGB an das nationalsozialistische Deutschland ausgeliefert und damit dem so gut wie sicheren Tod preisgegeben. Als Milena Jesenská von ihrem Schicksal erfährt, setzt sie alles daran, Margarete Buber-Neumann kennenzulernen, um direkt von ihr zu erfahren, ob die Sowjetunion tatsächlich antifaschistische Emigranten an Hitler ausgeliefert hat. Margarete Buber-Neumann beschreibt ihre erste Begegnung auf der Lagerstraße: »Wir standen auf dem schmalen Weg und hinderten die anderen am Weitergehen, brachten das Hin- und Hergeflute der Häftlinge zum Stocken. Die wurden wütend und versuchten, uns ärgerlich vorwärtszustoßen, so daß ich nur wünschte, der Begrüßung so schnell wie möglich ein Ende zu machen und mich wieder in den vorgeschriebenen Rhythmus des Rundganges einzuordnen. Ich hatte bereits in jahrelanger Haft gelernt, mich den äußeren Gesetzen dieser Häftlingsherde anzupassen. Aber Milena fehlten solche Fähigkeiten gänzlich. Sie benahm sich auf der Straße des Konzentrationslagers genauso, als hätte man uns auf dem Boulevard irgendeiner friedlichen Stadt einander vorgestellt (...) In den ersten Minuten hatte mich ihre Unbekümmertheit aufgebracht, dann aber begann sie mich zu faszinieren.«[5]

Aus dieser ersten Begegnung der beiden Frauen auf der Lagerstraße entwickelt sich bald eine tiefe Freundschaft. Für Milena Jesenská bedeuten die Erfahrungen von Margarete Buber-Neumann die Bestätigung ihrer schlimmsten Befürchtungen. Ein Schicksal wie das von Greta, wie Margarete Buber-Neumann von ihren Freundinnen genannt wird, müßte, so die Meinung Milenas, jeden Kommunisten zum Nachdenken bringen. Aber die Reaktion ist eine ganz andere: Viele hören einfach weg, nehmen Gretas Erfahrung nicht wahr, manche bezichtigen sie sogar der »antisowjetischen Hetze«. Sie haben einfach Angst, sich von ihrem Glauben zu trennen und in die Leere der Selbstverantwortung zu fallen. Lieber beginnen sie diejenigen zu hassen, die ihnen ihren Glauben nehmen wollen. Dieser Haß wird zeitweilig auch Milena treffen.

Es kommt aber noch etwas anderes hinzu. Nachdem Milena und Greta so eng befreundet sind, haben die Tschechinnen das Gefühl, Milena habe sich ihnen entfremdet. Jede freie Stunde verbringt sie mit ihrer deutschen (!) Freundin, statt zu ihnen zu kommen. »Wir waren eifersüchtig auf sie«, platzte einmal eine ehemalige »Politische« heraus, nach den zwischenmenschlichen Beziehungen im Lager befragt.

Für Milena Jesenská stellte das Leben im Lager nicht nur eine persönliche Erfahrung, sondern auch ein Thema dar. Sie trug sich mit dem Gedanken, ein Buch über das Konzentrationslager zu schreiben. Wie Margarete Buber-Neumann berichtet, hatte sie bereits den Plan eines solchen Buches entworfen, das sie nach dem Krieg mit ihrer Freundin zusammen schreiben wollte. Anna Kvapilová berichtet sogar darüber, daß ihr Milena Jesenská während ihrer Krankheit ein Notizbuch anvertraute, mit der Bitte, es einmal herauszubringen. Anna Kvapilová trug das kleine Büchlein mit sich, suchte nach immer neuen Verstecken dafür, bis sie es im Chaos nach der Befreiung verlor. So sind als die einzigen schriftlichen Zeugnisse aus dem Konzentrationslager Milenas Briefe an den Vater und die Tochter übriggeblieben, und das Märchen »Die Prinzessin und der Tintenklecks«, das man nach ihrem Tode auf einem vergilbten Zettel in ihrem Schreibtisch im Krankenrevier gefunden hat:

> Der König hatte eine Tochter. Das Mädchen schrieb die ganzen Tage Gedichte. Der König war mit der Tochter nicht zufrieden, sie sollte so sein wie andere Kinder. Er suchte nach Mitteln, wie sie geheilt werden könnte. Er rief fremde, weise Menschen herbei. Er wußte nicht, was er machen sollte. Dann kam ein Zauberer und sagte: »Wenn die Prinzessin auf ein Gedicht einen Tintenklecks macht, wird der Zauber seine Wirkung verlieren«. Der König rief viele Menschen zu sich. Er sagte: »Wer mein Kind heilt, der bekommt die Prinzessin zur Frau und das Königreich dazu«. Die Menschen schimpften mit der Prinzessin, aber es half nichts, die Prinzessin schrieb weiter. Dann kam der dumme Hans, schaute sich die schöne Prinzessin an und sagte: »Weil du zu viel schreibst, wurde deine Nase häßlich und lang.« Das Mädchen ärgerte sich und schrie auf, die Feder

fiel ihr aus der Hand und auf dem Gedicht war plötzlich ein Tintenklecks. Du lügst, dummer Hans, rief die Prinzessin, nahm den Spiegel und siehe da: die Nase war klein und schön. Der Zauber war gebrochen, und der Hans bekam die Prinzessin zur Frau.[6]

Der Tod

Am 10. August 1943 versammeln sich alle ihre tschechischen Freundinnen, um mit Milena ihren siebenundvierzigsten Geburtstag zu feiern. Milena freut sich über ihre Aufmerksamkeit und die kleinen Geschenke, die sie ihr bringen. Die Atmosphäre ist freundlich und gelöst, Magarete Buber-Neumann beobachtet fast eifersüchtig, wie spontan und herzlich die Tschechinnen sein können. Trotz der guten Stimmung, die bei der Feier herrscht, merken doch alle, daß es Milena gesundheitlich nicht gut geht.

Weder Milena Jesenská noch ihre Freundinnen im Lager können wissen, daß Joachim von Zedtwitz, der Freund und Fluchthelfer aus der Zeit zwischen März und September 1939, bereits Aktivitäten zu ihrer Rettung aus dem Konzentrationslager entwickelt. Nachdem er 1941 nach fünfzehnmonatiger Haft aus dem Gefängnis entlassen worden war – der Grund für seine Verhaftung waren Briefe gewesen, die in der Wohnung in der Kouřímská gefunden wurden, über seine Funktion als Fluchthelfer hat die Gestapo nie etwas erfahren –, ließ ihm Milenas Schicksal keine Ruhe. Über einen Berliner Rechtsanwalt mit guten Beziehungen zur Gestapo wollte er unter dem Vorwand von Milenas »geistiger Krankheit« ihre Entlassung aus Ravensbrück erreichen. Er setzte sich deswegen auch mit Professor Jesenský in Verbindung und besorgte sich die alte Krankenakte Milena Jesenskás aus Veleslavín aus dem Jahre 1917. Bei einem Bombenangriff wurde allerdings das Rechtsanwaltsbüro in Berlin, wo Milenas Krankenakte schon vorbereitet lag, durch einen Brand zerstört und der Rechtsanwalt getötet. Damit wurde der letzte Versuch, Milena aus dem Konzentrationslager zu retten, zunichte gemacht.

Im Herbst 1943 beginnt sich Milena Jesenskás Gesundheitszustand rapide zu verschlechtern. Ihre Beine und Hände sind geschwollen, sie hat starke Schmerzen im Nierenbecken, und auch ihre Gesichtsfarbe läßt auf eine gravierende Erkrankung schließen. Die Ärztin Zdena Nedvědová-Nejedlá stellt eine schwere Entzündung der Harnwege und der Niere fest und versucht, sie zu behandeln. Im Frühjahr 1944 wird Milena Jesenskás Zustand kritisch. Der neue Chefarzt im Krankenrevier, Doktor Treite, der in Prag studiert hat und Professor Jesenský kennt, rät zur Operation als einziger Rettungsmöglichkeit. Milena willigt ein. Doktor Treite, der eigentlich Gynäkologe ist, entfernt Ende April die kranke Niere; es scheint, als sei der Patientin doch noch zu helfen, obwohl auch die zweite Niere angegriffen ist. Milena Jesenskás Wille zum Leben ist jedenfalls ungebrochen. Große Freude bereitet ihr ein Lebenszeichen von Joachim von Zedtwitz, den sie für tot, von der Gestapo erschlagen, hielt.

Was dann passiert, schildert in ihrem Bericht die tschechische Ärztin Zdena Nedvědová-Nejedlá: »Milenas Zustand wurde langsam besser, vor allem durch die lebensrettenden Transfusionen, so daß Milena und wir uns schon freuten, die Gefahr wäre gebannt. Und dann kam es zur Katastrophe. Bei der Visite schien Milena Doktor Treite wieder blasser und schlaffer zu sein (...), deswegen ordnete er eine weitere Transfusion an. Weil seine medizinischen Kenntnisse (...) nicht besonders gut waren, wiederholte er ohne Bedenken nach etwa acht Tagen eine Transfusion von der gleichen Geberin. Als mir die Schwester meldete, daß Milena nach der Transfusion Schüttelfrost bekam und bewußtlos sei, rannte ich zu ihr, stellte den tragischen Irrtum fest und applizierte sofort hohe Dosen Kalzium und Efetoin. Das wiederholte ich mehrmals und versuchte, auch die Herztätigkeit aufrechtzuerhalten. Eine Weile schien es, als würde der Schock nachlassen, aber dann verschlimmerte sich ihr Zustand, und sie starb. Sie hatte keine Schmerzen, und daß sie stirbt, wußte sie nicht. Milena wurde die ganze Zeit von mir und der Schwester Hana Housková gepflegt. Milena starb in ihren Armen. Gemeinsam bereiteten wir im Leichenhaus den Sarg (es war eine unbehandelte Kiste) und betteten tief erschüttert Milena hinein. Dann sammelten wir in dem ganzen Krankenhaus grüne Zweige und Blumen und legten sie in den Sarg. Das war alles, was wir für sie tun konnten. Am Morgen wurde sie ins Krematorium gebracht und verbrannt.«[7]

In der Schilderung Margarete Buber-Neumanns wird der Tod Milena Jesenskás bereits zu einer Legende: »Am Nachmittag des 15. Mai überbringt man mir während der Arbeitszeit die Nachricht, Milena liege im Sterben. Ich zögere keine Minute und verlasse ganz einfach den Arbeitsplatz. (...) Die Sterbende liegt in Euphorie. Ihr Gesicht strahlt, die Augen glänzend und dunkelblau, und als ich zu ihr trete, breitet sie die Arme aus, begrüßt mich mit dieser wunderschönen ihr eigenen Geste. Sie kann nicht mehr sprechen. Aus dem Lager kommen die tschechischen Freunde, sie umringen das Bett, stehen draußen vorm Fenster, und voller Glückseligkeit blickt Milena auf alle, nimmt Abschied vom Leben. Am Abend verliert sie das Bewußtsein. Der Todeskampf dauert bis zum 17. Mai. Erst dann schleiche ich in die Baracke zurück. (...) Für mich hat das Leben den Sinn verloren.«[8]

Die Nachricht vom Tode Milena Jesenskás löst unter den Freunden in Prag tiefe Betroffenheit und Trauer aus. Professor Jesenský erleidet einen Zusammenbruch und will sich sogar das Leben nehmen. Er überlebt seine Tochter um drei Jahre, wird sich aber von dem Schock ihres Todes nie mehr ganz erholen. Milena Jesenská ist nicht das einzige Opfer des Widerstandes in der Familie. Auch ihre zwei Cousins Jan und Jiří Jesenský, beide Ärzte, wurden während des Krieges zusammen mit ihren Frauen hingerichtet.

Als die inzwischen sechzehnjährige Honza dem letzten Freund der Mutter, Lumír Čivrný, die Nachricht überbringt, macht er mit ihr einen langen Spaziergang durch Prag. Wo anders als in den Straßen der Stadt, die sie so liebte, sollten sie von ihr Abschied nehmen?

Fast drei Jahre nach Milenas Tod wird Walter Tschuppik, der alte Bekannte aus der Wiener Zeit, einer der vielen, denen sie zur Flucht verhalf, in einem Brief an Joachim von Zedtwitz Milena unbewußt den schönsten Nachruf schreiben:

> Und sagen sie (ihrer Tochter), daß Milena Jesenská vor mir in der Erinnerung als der gütigste und größte Mensch steht, dem ich je begegnet bin. Ihre Selbstlosigkeit, ihr Mut, ihre Entschlossenheit, ihr kühnes Handeln – ach, wie mußte sie es büßen, ein außergewöhnlicher Mensch zu sein. (…) Als ich Nachricht von ihrem Tode erhielt (…) schämte ich mich wahrhaftig, daß ich mein armseliges Leben gerettet hatte und daß sie, die Wertvolle, tot sein sollte![9]

Epilog

Fast zwei Jahre nach dem Ende des II. Weltkrieges, die Asche Milena Jesenskás ist schon zum Bestandteil der mecklenburgischen Erde geworden, meldet sich Ernst Polak mit einem tschechischen Brief bei Staša Jílovská, seiner alten Bekannten aus der Café-Arco-Zeit. Den Inhalt seines Briefes kennen wir nicht, nur Staša Jílovskás Antwort. In ihrem Brief vom 27. Januar 1947 schreibt sie unter anderem: »Wegen Kafka brauchst Du Dir keine Sorgen zu machen, ich weiß nichts davon und spreche auch mit niemandem darüber. Außerdem gibt es die alten Bekannten aus seinem Kreis gar nicht mehr, und die tschechischen Kreise interessieren sich – leider – für Kafka nicht so sehr. Es kennen ihn sogar nur wenige, übersetzt ist nur *Das Schloß*. Jetzt kündigt ein Verlag die Gesamtausgabe an, ich glaube aber nicht an einen Erfolg. Auch Willy Haas schrieb mir zwei Briefe, er wollte viele Dinge von mir, die ich leider nicht erledigen konnte. Er würde gerne nach Europa zurückkommen, wenn er hier eine Beschäftigung fände. (...) Jetzt hat er sich lange nicht mehr gemeldet. Wenn es, wie Kodíček sagte, um das konkrete Zusenden der Briefe nach London ginge, könntest Du es mir ruhig anvertrauen. Ich würde sie diskret und über einen sicheren Weg schicken. Aber so weit ist es wohl noch nicht.«[1]

Mit den Briefen sind Kafkas Briefe an Milena gemeint. Jetzt, nachdem so viele Menschen aus Milenas altem Freundeskreis nicht mehr leben, wissen eigentlich nur Staša Jílovská, Max

Brod, Willy Haas und Ernst Polak von ihrer Existenz. Aber nur die drei Literaten Brod, Haas und Polak können zu diesem Zeitpunkt schon den ideellen wie auch materiellen Wert der Briefe abschätzen. Denn von dem wachsenden Interesse an Kafkas Werk im Westen kann Staša Jílovská noch kaum wissen. Willy Haas und Ernst Polak sind auch persönlich an den Briefen interessiert: Ernst Polak als der ungewollte Gegenspieler Franz Kafkas in der Zeit seiner Liebe zu Milena Jesenská, Willy Haas wegen seiner Affäre mit Milenas Freundin Jarmila Ambrožová, die den Selbstmord ihres ersten Mannes Josef Reiner zur Folge hatte.

Wie Willy Haas in seinen Erinnerungen[2] schreibt, hat ihm Milena Jesenská im Herbst 1938 Kafkas Briefe anvertraut. Die alte Freundschaft zwischen den beiden – man erinnere sich nur an die Krise aus der Zeit der Heirat mit Ernst Polak 1917/18, Milenas Endzeitstimmung im Herbst 1938, aber auch die Wiederbelebung der Erinnerungen an die Wiener Zeit durch die Freundschaft mit Willi und Stefanie Schlamm – macht die Schenkung, die Jana Černá in Zweifel zieht, plausibel. Willy Haas betrachtet sich nun als rechtmäßigen Besitzer der Briefe, die Max Brod gerne herausbringen würde. Nur liegen sie, für Haas unerreichbar, in Prag. Vor seiner Abreise hat er sie in die Obhut seiner Schwester gegeben, die mit dem österreichischen Adligen Leopold von Kuhn verheiratet ist. Kuhns müssen aber jetzt als Deutsche Prag verlassen, und das gibt der ganzen Angelegenheit eine gefährliche Wendung. Letztlich geht alles gut aus. Kuhns übergeben vor ihrer Abreise den Karton mit den Briefen an Haas' geschiedene Frau Hana, die mittlerweile mit dem bekannten Prager Maler Willi Nowak verheiratet ist. Der Sohn von Willy Haas, Michael, holt sie bei ihnen mit dem Fahrrad ab. Den Transfer der Briefe nach London besorgt sehr wahrscheinlich Staša Jílovská über das tschechoslowakische Informationsministerium, in dem sie arbeitete, möglicherweise sogar mit Wissen ihres Vorgesetzten Adolf Hoffmeister. Die Briefe kommen im Frühjahr 1947 mit diplomatischer Post in London an, und Willy Haas, der kurz zuvor aus Indien zurückkehrte, wird, wie Frau Haas berichtet, von der tschechoslowakischen Botschaft aufgefordert, das kleine Päckchen dort abzuholen. Ob Ernst Polak, der am 21. September 1947 starb, die Briefe noch gesehen hat, läßt sich mit letzter Sicherheit nicht sagen. Daß die beiden Freunde über die Herausgabe der Briefe miteinander korrespondierten und Ernst Polak den Transfer der Briefe arrangierte – Willy Haas war in dieser Zeit als Soldat in Indien stationiert –, ist in ihren Briefen belegt.[3]

Sieben Jahre später, 1952, gab Willy Haas Kafkas *Briefe an Milena* heraus. Es war das literarische Ereignis des Jahres. Ihre Rezeption, zuerst nur auf die Person Franz Kafkas konzentriert, sollte allmählich auch das Interesse an der Person der Adressatin wecken.

Die Spuren – eine Danksagung

Fünfzig Jahre nach ihrem Tode scheiden sich an Milena Jesenská noch immer die Geister. Wer war sie eigentlich? Eine schöne Frau mit starker erotischer Ausstrahlung, eine glänzende Journalistin und ein tapferer, unbeugsamer Mensch oder eher ein flatterhaftes Wesen, eine Kompilatorin von Moden, Lebensstilen und Denkströmungen, die sie sich geschickt aneignete und durch wechselnde Begeisterung für dieses und jenes nur beeindrucken wollte? Was bleibt übrig von ihr, wenn eine kritische Betrachtung sie des »Mythos Milena« entkleidet? Milena Jesenská polarisiert; sie wird bewundert oder abgelehnt. Nur mit Gleichgültigkeit begegnet man ihr nie. Die Empörung über Milenas Verhalten in der Stimme des siebenundneunzigjährigen Professor Švejcar ist noch so frisch und vehement, als hätte er Milena gerade erst gestern und nicht im Jahre 1915 kennengelernt. Und wenn der heute vierundachtzigjährige Joachim von Zedtwitz »Milena« sagt, wird in der Stille, die sich um dieses Wort ausbreitet, die ganze Achtung und Bewunderung spürbar, die er ihr entgegenbringt. Es ist nicht der »Mythos Milena«, sondern die Ausstrahlung eines Menschen, die nicht vergessen werden kann.

Zweifellos geht von der Persönlichkeit Milena Jesenskás eine große Faszination aus. Ihr facettenreiches, widersprüchliches Leben bietet genug Möglichkeiten für schwärmerische Identifikationen. Die mit vielen Lücken behaftete Biographie, in der Fakten und Gerüchte fest miteinander verwoben sind, fördert die Mythenbildung. Der »Mythos Milena«, ihre Verklärung und Heroisierung, und die Aura, ihre Ausstrahlung, werden, gerade von den »Entmythologisierern«, oft verwechselt. Gehört Milena Jesenská auch wegen ihres relativ kurzen Lebens nur bedingt zu den Zeugen unseres Jahrhunderts, so ist aber gerade ihr Leben selbst ein Zeugnis dieses Jahrhunderts par excellence. In der Fülle der Schicksale aus dieser Zeit wird man nicht sehr viele finden, in welchen die Peripetien und Brüche so klar gezeichnet sind, wie in dem ihren. Diese politischen und historischen Zäsuren schlagen sich auch in den Lücken in ihrer Biographie nieder, die man mit großer Wahrscheinlichkeit nie mehr vollständig schließen können wird. Der Ausbruch des II. Weltkrieges ließ schlagartig die ersten dreißig Jahre unseres Jahrhunderts zur Vergangenheit werden. Das, was durch den Faschismus, die Emigration und den Krieg auseinandergerissen wurde, wuchs nie mehr zusammen. Die sechs Jahre des Krieges haben die Welt verändert. Die danach vollzogene Teilung Europas hat diesen Bruch eigentlich nur bestätigt und vertieft. Es gab wieder Emigration, Ausgrenzung und Exekutionen. Auch einige Freunde Milenas waren davon betroffen. Záviš Kalandra wurde hingerichtet, Evžen Klinger im Umfeld des Slánský-Prozesses zu sieben Jahren Gefängnis verurteilt. Die Spuren und Zeugnisse des Lebens von Milena Jesenská wurden zerstreut entlang der Linie, die Europa teilte.

Nicht zuletzt auch diese Schwierigkeiten haben die erste Biographie Milena Jesenskás aus der Feder von Margarete Buber-Neumann gezeichnet. Sie konnte ergänzende Informationen zum Leben Milenas, bis auf eine einzige Ausnahme, nur von ihren im Ausland lebenden Bekannten wie Wilma Löwenbach, Miloš Vaněk oder Anna Kvapilová beziehen, nach Prag durfte sie nicht. Wie intensiv der Austausch der beiden Freundinnen in Ravensbrück auch war, so ist für Margarete Buber-Neumann der tschechische Lebenszusammenhang Milenas, das Prager Milieu, ohne das sie nicht zu verstehen ist, doch sehr fremd geblieben. Das verstärkte in ihrem Buch die Tendenz zur Verklärung und Heroisierung Milenas und zur Schwarzweißmalerei, wenn es um ihre »Widersacher« wie den Vater oder Ernst Polak geht. Die an und für sich unwichtige Tatsache, daß Margarete Buber-Neumann vom linken kranken Knie Milenas spricht, wenn es in Wirklichkeit ein rechtes war, wie man aus einem Brief Milenas weiß, zeigt, daß auch manche scheinbar authentische Stellen in ihrem Bericht kritisch zu lesen sind. Trotz der Mängel und Ungenauigkeiten bleibt Margarete Buber-Neumanns Biographie Milena Jesenskás eine der drei wichtigsten Quellen zu ihrem Leben.

Jana Černá (1928–1981), der Tochter Milena Jesenskás, ist es gelungen, ein glaubwürdiges Bild der Mutter und des Lebens der kleinen Familiengemeinschaft in der Kouřimská in den dreißiger Jahren zu zeichnen, der Zeit ihrer eigenen Kindheit. Darin, in der Authentizität dieser Schilderung, wenn auch aus der Perspektive des Kindes gesehen, liegt die Stärke dieser zweiten Quelle zu Milena Jesenskás Leben. Was die Zeit davor anbelangt, stützt sich ihr Bericht auf Informationen aus zweiter Hand, die oft ungenau recherchiert und vereinfacht wiedergegeben sind.

Der Textildesignerin Jaroslava Vondráčková (1894–1986), der Mitarbeiterin Milena Jesenskás von der Frauenseite der *Národní listy*, gebührt das größte Verdienst bei der Beschaffung und Sicherung des Materials zu Milena Jesenskás Leben. Schon in den sechziger Jahren begann Jaroslava Vondráčková, wenn auch unsystematisch, an ihrer Bibliographie zu arbeiten. Stunden verbrachte sie in der Universitätsbibliothek auf der Suche nach Milenas Artikeln, deren erstes unvollständiges Verzeichnis sie auch zusammenstellte. Sie schrieb Zeitzeugen an und ließ sich von ihnen Berichte schreiben, sie sammelte Korrespondenz und befragte auch ehemalige Hausgehilfinnen

Milenas. Sie war es auch, die Margarete Buber-Neumann und der von Jahr zu Jahr wachsenden Schar der Kafka-Forscher bereitwillig unschätzbare Informationen gab. Viele nutzten ihre Auskünfte, einige blieben ihr den Dank schuldig.

Jaroslava Vondráčková stammte aus der gleichen sozialen Schicht wie Milena Jesenská. Die Atmosphäre Prags in dem ersten Jahrzehnt unseres Jahrhunderts war ihr vertraut. Später verkehrte sie in den gleichen Kreisen der Avantgarde wie Milena Jesenská und gehörte ebenfalls der Kommunistischen Partei an. In mehreren Fassungen ihres Manuskriptes, das endlich 1991 in Prag erscheinen konnte, wird durch ihre sprunghafte, unruhige Schreibweise die Atmosphäre der zwanziger und dreißiger Jahre adäquat vermittelt. Ihr Verhältnis zu Milena Jesenská, von der sie sich sicherlich oft ausgenutzt fühlte, ist äußerst kritisch. Sie läßt keinen ihrer Fehler, keine Schwäche, keine Verfehlung unerwähnt, und man hat fast den Eindruck, daß es ihr eine Freude macht, mit dem Finger darauf zu zeigen.

In den achtziger Jahren gehörte Jaroslava Vondráčková zu den letzten lebenden Zeugen der »goldenen zwanziger Jahre« in der Tschechoslowakei. Auf zwei Krücken gestützt, wohl betagt, aber noch elegant, erweckte sie, wenn man ihr begegnete, letztlich immer den Eindruck, es sei nur die körperliche Hülle, die, alt und verbraucht, sich dem jung gebliebenen Geist verweigert.

Das »Erbe« Jaroslava Vondráčkovás übernahm, noch zu ihren Lebzeiten, die damals noch mit einem Berufsverbot belegte Literaturwissenschaftlerin Dr. Marie Jirásková. Auch sie war (und ist) bis zur Selbstaufgabe bereit, jedem, der sich mit Milena Jesenská befaßt, behilflich zu sein. In mühsamer Kleinarbeit ermittelte sie viele noch fehlende Daten zu Milenas Leben, zum Beispiel das Sterbejahr der Mutter, und befragte auch die letzten noch lebenden Zeitzeugen. Heute ist die sehr genau arbeitende und viel zu bescheidene Literaturwissenschaftlerin sicherlich die beste Kennerin des Lebens und der Arbeit Milena Jesenskás. Ohne ihre Hilfe hätte auch dieses Buch kaum entstehen können. Unvergeßlich bleibt mir unser Spaziergang durch das zum ersten Mal gegen das alte Regime demonstrierende Prag am 28. Oktober 1988, dem siebzigsten Jahrestag der Gründung der Tschechoslowakischen Republik. Klug und umsichtig führte sie mich durch die Stadt, in der sich die ersten Vorboten der »sanften Revolution« 1989 bemerkbar machten.

Auf die Arbeit von Jaroslava Vondráčková und Marie Jirásková konnte sich auch Dorothea Rein stützen. Ihr gebührt das Verdienst, durch die Auswahl *Alles ist Leben* dem deutschen Leser schon 1984 den Zugang zu den wichtigsten Artikeln Milena Jesenskás geöffnet zu haben.

Der Beschäftigung mit Milena Jesenská verdanke ich auch die Begegnung mit der Fotografin Staša Fleischmannová, der Tochter der besten Freundin Milenas, Staša Jílovská. Staša Fleischmannová ist in unmittelbarer Nähe Milena Jesenskás groß geworden, und Milena war es auch, die sie und ihre Schwester in die linke Gruppierung »Junge Kultur« brachte. Ihre redliche, fast kindliche Treue und Zuneigung zu Milena Jesenská hat Staša Fleischmannová über die schweren fünfziger Jahre hinüberzuretten vermocht. Von ihr und ihrer Schwester stammt auch die letzte Fotografie Milenas aus dem Jahre 1939. Staša Fleischmannová verdanke ich neben vielen wertvollen Informationen vor allem die Auszüge aus Milenas Briefen an Adolf Hoffmeister und Staša Jílovská aus der Zeit von Milenas Krankheit im Jahre 1928/29, die auf die damaligen Ereignisse ein neues Licht werfen.

Auf der Suche nach Milena Jesenskás Spuren hatte ich das Glück, auch Stefanie Schlamm zu begegnen, einer verständnisvollen und klugen »Beschützerin« des Andenkens von

Milena. Großzügig stellte sie mir, gemeinsam mit Dr. Ulrich Weinzierl, die Briefe zur Verfügung, die Milena Jesenská und Evžen Klinger im Krisenjahr 1938/39 an sie und ihren Mann schrieben. Ein Stück des alten Österreichs mit seinem Witz und Charme ist für mich in ihr wieder lebendig geworden. Gerne erinnere ich mich auch an das Gespräch mit Milan Dubrovic im Jahre 1988, das mir zu einem besseren Verständnis des Wiener Kaffeehausmilieus der zwanziger Jahre verhalf. Um einige Details aus dem Umfeld von Milenas Leben hat mich auch die Begegnung mit Dr. Hertha Haas, der Witwe von Willy Haas, bereichert. So führte mich die Suche nach den Spuren Milenas immer wieder zu den Menschen.

Es gab aber auch glückliche Zufälle: Die Begegnung mit dem Sohn von Milenas Kinderfreundin Marie Boháčová, Dr. Jiří Špét, im tschechoslowakischen Kultusministerium führte sechs Jahre später zur Ermittlung der bislang unbekannten ersten Adresse der Familie Jesenský im Hause »U černého orla« am Rande der Prager Altstadt.

Jahre vorher, es muß 1968 gewesen sein, habe ich durch einen ähnlichen Zufall die Tochter Milena Jesenskás kennengelernt. Es klingelte an meiner Tür, und als ich aufmachte, stand eine große, kräftig gebaute Frau im dunklen Mantel vor mir. Ihr schwarzes Haar wurde von silbernen Fäden durchzogen. Sie heiße Jana Černá und verkaufe Kacheln, die Erlaubnis dazu habe sie. Sie zeigte mir ihre Arbeiten, es waren Kopien von alten Kacheln, und sie gefielen mir. Über solche Besuche freut man sich in der Regel nicht. Aber das Verhalten der Frau an der Tür war irgendwie vornehm und ungewöhnlich. In ihrer Art lag etwas Gewinnendes. Sie bot mir nichts an, sie führte mit mir ein Gespräch. Auch ihr Gesicht war interessant, die hohen Backenknochen machten die Wangen zu einem hervorstechenden Merkmal.

Ich habe eine der Kacheln gekauft, und sie verabschiedete

sich. Sie mußte mich aber sehr beeindruckt haben, denn ich habe ihren Besuch nie vergessen. Erst Jahre später, als ich begann, mich mit Milena Jesenská zu beschäftigen, wurde mir klar, daß ich damals ihrer Tochter begegnet bin. Wohl habe ich bei dieser Begegnung etwas von der Wirkung Milenas auf andere Menschen erfahren.

Anmerkungen

Prolog

1 Milena Jesenská, O umění zůstat stát (Über die Kunst stehenzubleiben), *Přítomnost*, 5. 4. 1939.

I
Wurzeln und Prägungen

1 Jana Černá, Milena Jesenská, Frankfurt am Main 1985, S. 12-13.

2 Heute Ulice 28. října 13. Die alte Nummer 17 ist im Putz neben dem Eingang noch sichtbar.

3 Diese Angaben stützen sich auf den autobiographischen Roman von Růžena Jesenská, Dětství (Kindheit), Praha 1929.

4 Margarete Buber-Neumann, Milena, Kafkas Freundin, Berlin 1992, S. 36. Jana Černá schildert in ihrem Buch die Situation nach der Geburt des Bruders etwas anders. Jan Jesenský sollte das lebensschwache Kind nachlässig behandeln. Das Zeugnis M. Buber-Neumanns ist in dieser Hinsicht sicher authentischer.

5 Siehe auch Margarete Buber-Neumann, 1992, a.a.O., S. 36.

6 Mündliche Mitteilung Stefanie Schlamm, 1989.

7 Milena Jesenská, Clověk dělá šaty (Leute machen Kleider), Praha 1927, S. 87.

8 Jana Černá, a.a.O., S. 20.

9 Alois Dyk, 1961, an Jaroslava Vondráčková. Zit. nach: J. Vondráčková, Kolem Mileny Jesenské, Praha 1991.

10 Milena Jesenská, Cesta k jednoduchosti (Der Weg zur Einfachheit), Praha 1926. Zit. nach der Ausgabe in: Edice Archa, Eggenfelden 1982.

11 Marie Tarantová, Milena Jesenská, in: *Doba* (Zeitschrift), Prag 1946, S. 219.

12 Nachlaß Marie Hübnerová, im Literaturarchiv des Denkmals des tschechischen Schrifttums, Praha. Mit freundlicher Genehmigung des Literaturarchivs.

13 Jana Černá, a.a.O., S. 20.

14 Jana Černá, a.a.O., S. 19.

15 Brief Marianne Horáková an das Literaturarchiv, anbei die Klassenzeitschrift »Naše snahy« aus dem Jahre 1911/12 aus dem Minerva. Ein Geschenk von Marianne Horáková an das Literaturarchiv.

[16] Auszüge aus den Briefen an Albína Honzáková. Zit. nach: J. Vondráčková, Deset adres Mileny Jesenské, in: *Svědectví,* Jahrg. 20, Nr. 80, Paris 1987, S. 890-891. Dieser Veröffentlichung sind auch die weiteren zitierten Stellen entnommen.

[17] Jana Černá, a.a.O., S. 24.

[18] Mündliche Mitteilung Marie Jirásková, aufgrund eines Interviews mit Herrn S.

[19] Jaroslava Vondráčková, Kolem Mileny Jesenské, 2. Version des Manuskriptes, S. 14.

[20] Milena Jesenská, Jugend, *Národní listy,* 23.11.1922. Zit. nach: Dorothea Rein (Hg.), Milena Jesenská, Alles ist Leben, Frankfurt am Main 1984, S. 70-73.

[21] Mündliche Mitteilung Josef Švejcar, Mai 1994.

[22] Unbekannte Briefe an Willy Haas, *Neue Rundschau,* Jahrg. 102, 1991, Heft 2, S. 172-177. Dieser Veröffentlichung sind auch die weiteren zitierten Stellen entnommen. Mit freundlicher Genehmigung des S. Fischer Verlages.

[23] Hartmut Binder, Ernst Polak – Literat ohne Werk, in: Jahrbuch der Deutschen Schillergesellschaft, Jahrg. 23, 1979, S. 366-415. Die meisten Informationen über Ernst Polak sind dieser Arbeit entnommen.

[24] Heimito von Doderer, Die Strudlhofstiege, München 1951, S. 341.

[25] Brief an Jaroslava Vondráčková, vom 26.10.1926.

[26] Jana Černá, a.a.O., S. 33.

[27] Zit nach: Franz Kafka, Briefe an Milena, Frankfurt am Main 1983, S. 360.

[28] Jana Černá, a.a.O., S 37.

2

Die Jahre in Wien

[1] Brief an Willy Schlamm, undatiert, sehr wahrscheinlich August 1938.

[2] *Die Fackel,* Jahrg. 1915, S. 117. (In der deutschen Bildung nimmt den ersten Platz die Bescheidwissenschaft ein.)

[3] Briefe an Willy Haas, *Neue Rundschau,* Jahrg. 102, 1991, Nr. 2, S. 172.

[4] Tonbandaufnahme der Lebenserinnerungen von Franz Xaver Graf Schaffgotsch (1979), Dokumentationsstelle für die neuere österreichische Literatur, Wien, Tb.Nr. 150.

[5] Franz Kafka, 1983, a.a.O., S. 47.

[6] Emil Szittya, Das Kuriositäten-Kabinett, Konstanz 1923. Zit. nach: Das Wiener Kaffeehaus, Wien 1978, S. 80.

7 Zit. nach: Franz Kafka, 1983, a.a.O., S. 371.
8 Gina Kaus, Und was für ein Leben, Hamburg 1979, S. 53 ff.
9 Margarete Buber-Neumann, Milena, Kafkas Freundin, München 1977, S. 70.
10 P. M. Lützeler, Hermann Broch, Frankfurt am Main 1985, S. 72. Vgl. auch: G. Kaus, a.a.O., S. 53 ff.
11 Gina Kaus, a.a.O., S. 76. Vgl. auch das folgende Zitat.
12 Zit. nach: Dorothea Rein (Hg.), a.a.O., S. 11.
13 Zit. nach: Hartmut Binder, a.a.O., S. 387.
14 Milena Jesenská, Meine Freundin, *Tribuna,* 25. 2. 1921. Zit. nach: Dorothea Rein (Hg.), a.a.O., S. 30.
15 Milena Jesenská, Kavárny (Kaffeehäuser), *Tribuna,* 10. 8. 1920.
16 Zit. nach: Margarete Buber-Neumann, 1992, a.a.O., S. 86.
17 Zit. nach: Dorothea Rein (Hg.), a.a.O., S. 25-26.
18 Gina Kaus, a.a.O., S. 55.
19 Margarete Buber-Neumann, 1992, a.a.O., S. 64-65; Jana Černá, a.a.O., S. 72-73.
20 Milena Jesenská, Wien, *Tribuna,* 30. 12. 1919. Zit. nach: Dorothea Rein (Hg.), a.a.O., S. 11.
21 Franz Kafka, 1983, a.a.O., S. 4.
22 Franz Kafka, 1983, a.a.O., S. 7.
23 Franz Kafka, 1983, a.a.O., S. 44.
24 Zit. nach: Franz Kafka, Briefe 1902-1924, Frankfurt am Main 1958, S. 275.
25 Franz Kafka, 1983, a.a.O., S. 22.
26 Emil Szittya, a.a.O., S. 80.
27 Zit. nach: Franz Kafka, 1983, a.a.O., S. 370-371.
28 Franz Kafka, 1983, a.a.O., S. 91.
29 Zit. nach: Franz Kafka, 1983, a.a.O., S. 112.
30 Zit. nach: Franz Kafka, 1983, a.a.O., S. 365.
31 Brief an Adolf Hoffmeister, undatiert, vermutlich Frühjahr 1929.
32 Franz Kafka, Tagebücher, Frankfurt am Main 1990, S. 574-575. Eintragung vom 14. 8. 1913.
33 Milena Jesenská, Povrchní povídání o vážnem předmětě, *Tribuna,* 1.6.1921.
34 Milena Jesenská, Ďábel u krbu (Der Teufel am Herd), *Národní listy,* 18.1.1923.
35 Brief Ernst Polaks an Willy Haas, vom 12. 8. 1946.
36 Franz Kafka, Das Schloß, Frankfurt am Main 1958, S. 49.

[37] Auf der Postkarte aus St. Gilgen am Wolfgangsee, die M. Jesenská an S. K. Neumann schickt, hat auch Ernst Polak (als Arnost Polák) unterschrieben. (Literaturarchiv des tschechischen Schrifttums)

[38] Franz Kafka, 1958, a.a.O., S. 251.

[39] Franz Kafka, 1983, a.a.O., S. 367-368.

[40] Zit. nach: Franz Kafka, 1983, a.a.O., S. 371.

[41] Zit. nach: Franz Kafka, 1983, a.a.O., S. 373.

[42] Tonbandaufnahme der Lebenserinnerungen von F. X. Graf Schaffgotsch, a.a.O.

[43] Zit. nach: Franz Kafka, 1983, a.a.O., S. 376.

[44] Franz Kafka, Dopisy Milene, Praha 1968, Vorwort F. Kautman, S. 29-33.

[45] Margarete Buber-Neumann, 1977, a.a.O., S. 66.

[46] *Národní listy,* 27. 9. 1921. Zit. nach: Dorothea Rein (Hg.), a.a.O., S. 56.

[47] Archiv Marie Jirásková.

[48] Margarete Buber-Neumann, 1977, a.a.O., S. 66.

[49] Mündliche Mitteilung Milan Dubrovic, 1988.

[50] Tonbandaufnahme der Lebenserinnerungen von F. X. Graf Schaffgotsch, a.a.O.

[51] *Národní listy,* 6. 6. 1924. Zit. nach: Dorothea Rein (Hg.), a.a.O., S. 97.

[52] Brief an Adolf Hoffmeister, handgeschrieben, undatiert, wahrscheinlich 1929.

3

Das kurze Familienglück

[1] Zit. nach: Ota Filip, Wer war Milena Jesenská?, in: *Die Zeit,* 7. 1. 1983, S. 61.

[2] Brief an Adolf Hoffmeister, undatiert, wahrscheinlich 1929.

[3] Jaroslava Vondráčková, Kolem Mileny Jesenské, 2. Version des Manuskriptes, S. 160.

[4] Milena Jesenská, Praha 1926. Zit. nach: Margarete Buber-Neumann, 1992, a.a.O., S. 128.

[5] Brief an Adolf Hoffmeister, undatiert, wahrscheinlich 1929.

[6] Milena Jesenská, Kino, *Tribuna,* 15. 1. 1920. Zit. nach: Dorothea Rein (Hg.), a.a.O., S. 16.

[7] Milena Jesenská, Chaplinova Pařížská maitressa, *Národní listy,* 22. 2. 1924. Zit. nach: Dorothea Rein (Hg.), a.a.O., S. 92-95.

[8] Brief an Adolf Hoffmeister, vom 2. 9. 1927.

[9] Jana Černá, a.a.O., S. 94-96.
[10] Margarete Buber-Neumann, 1992, a.a.O., S. 142-143.
[11] Brief an Staša Jílovská, vom 24. 6. 1928.
[12] Augusta Müllerová an J. Vondráčková. Zit. nach: J. Vondráčková, 2. Version des Manuskriptes, S. 168.
[13] Jaroslava Vondráčková, Kolem Mileny Jesenské, 2. Version des Manuskriptes, S. 168-169.
[14] Brief an Adolf Hoffmeister, vom 5. 11. 1928.
[15] Jaroslava Vondráčková, 2. Version des Manuskriptes, S. 171.
[16] Archiv Marie Jirásková.
[17] Staša Fleischmannová(-Jílovská), Erinnerungen an Milena Jesenská, Manuskript, Paris 1983. (Teile abgedruckt in *Le Monde)*
[18] Jaroslava Vondráčková, 2. Version des Manuskriptes, S. 180.

4
Liebesbriefe an Mitteleuropa

[1] Archiv Marie Jirásková.
[2] Fritz Beer, Hast Du auf Deutsche geschossen, Grandpapa?, Berlin und Weimar 1992, S. 259 ff u. 331 ff.
[3] Archiv Marie Jirásková.
[4] Milena Jesenská, Ďábel u krbu, *Národní listy,* 17. 1. 1923. Zit. nach: Franz Kafka, 1983, a.a.O., S.397-398.
[5] Staša Fleischmannová(-Jílovská), 1987, a.a.O.
[6] Karl Kraus, *Die Fackel,* Jahrg. 1915, S. 126.
[7] Archiv Marie Jirásková.
[8] Zit. nach: Jaroslava Vondráčková, Paris 1987, a.a.O., S. 906.
[9] Milena Jesenská, Lidé na výspě, *Přítomnost,* 27. 10. 1937. Zit. nach: Dorothea Rein (Hg.), a.a.O., S. 133-134.
[10] Milena Jesenská, Statisíce hledají zemi nikoho, *Přítomnost,* 27. 7. 1938.
[11] Milena Jesenská, Anšluß nebude I. u. II., *Přítomnost,* 25. 5. u. 1. 6. 1938. Zit. nach: Dorothea Rein (Hg.), a.a.O., S. 152-163 u.164-179.
[12] Milena Jesenská an Willi Schlamm, vom 8. 8. 1938.
[13] Milena Jesenská an Willi Schlamm, undatiert, sehr wahrscheinlich Ende Juli 1938.
[14] Milena Jesenská an Willi Schlamm, vom 18. 8. 1938.
[15] Milena Jesenská an Willi Schlamm, undatiert, sehr wahrscheinlich August/September 1938.

[16] Milena Jesenská, Praha ráno 15. brezna 1939, *Přítomnost,* 22. 3. 1939. Zit. nach: Dorothea Rein (Hg.), a.a.O., S. 213.
[17] Joachim von Zedtwitz, Zeugenaussage für die Israelische Botschaft in Prag, 1994. Dieser Zeugenaussage ist auch das folgende Zitat entnommen.
[18] Milena Jesenská, S ubohým a holým, *Přítomnost,* 5. 7. 1939.
[19] Milena Jesenská an W. Schlamm, Sommer 1938.
[20] Margarete Buber-Neumann, 1977, a.a.O., S. 149.
[21] Zit. nach: Margarete Buber-Neumann, 1977, a.a.O., S. 159.
[22] Deutsches Literaturarchiv, Marbach am Neckar.
[23] Milena Jesenská, O střízlivosti a gestu, *Přítomnost,* 29. 3. 1939.
[24] Milena Jesenská, Jsem především Česka?, *Přítomnost,* 10. 5. 1939.
[25] Milena Jesenská, »Soldaten wohnen auf den Kanonen ...«, *Přítomnost,* 21.6. 1939.

5
Aufrecht stehen

[1] Jana Černá, a.a.O., S. 151.
[2] Zit. nach: Margarete Buber-Neumann, 1977, a.a.O., S. 170.
[3] Zit. nach: Jaroslava Vondráčková, Paris 1987, a.a.O., S. 924-925.
[4] Zit. nach: Jaroslava Vondráčková, Paris 1987, a.a.O., S. 926-927. Vgl. auch die zwei folgenden Zitate.
[5] Margarete Buber-Neumann, 1977, a.a.O., S. 11.
[6] Archiv Marie Jirásková.
[7] Zit. nach: J. Vondráčková, Paris 1987, a.a.O., S. 926-927.
[8] Margarete Buber-Neumann, 1992, a.a.O., S. 311.
[9] Walter Tschuppik an Joachim von Zedtwitz, vom 21. 3. 1947.

Epilog

[1] Das Original des Briefes befindet sich im Deutschen Literaturarchiv, Marbach am Neckar. Mit freundlicher Genehmigung.
[2] Willy Haas, Die literarische Welt, Frankfurt am Main 1983, S. 37-38.
[3] Der Briefwechsel zwischen Willy Haas und Ernst Polak, Literaturarchiv, Marbach am Neckar.

Bildnachweise:

Archiv Klaus Wagenbach, Berlin (S. 9, 55, 71, 81, 85, 101, 111, 123, 139)
F. Neuwirt, Jan Jesenský, Praha 1948 (S. 13)
Dagmar Hocková, Prag (S. 18)
Archiv Verlag Neue Kritik, Frankfurt am Main (S. 35, 113, 143)
Marie Jirásková, Prag (S. 37, 65, 93, 97, 129, 131)
Staša Fleischmann, Paris (S. 115, 117, 125, 133)
Stefanie Schlamm (S. 157)
Joachim von Zedtwitz (S. 165)

2. Auflage April 1995
ISBN 3-927901-54-7

Lektorat: Imke Krüger
Ausstattung: Lisa Neuhalfen, Berlin
Gesetzt aus der Stempel Garamond
Herstellung: Clausen & Bosse, Leck
Printed in Germany